돈과 삶의 예술
: 균형 잡힌 부와 행복의 비밀

THE ART OF MONEY AND LIFE

돈과 삶의 예술
: 균형 잡힌 부와 행복의 비밀

| 조남주 지음 |

좋은땅

본 도서에서 소개하는 투자 상품들은 독자의 이해를 돕기 위한 개인적인 의견으로 소속회사의 추천 상품과는 무관합니다.

| 프롤로그 |

돈과 삶의 이야기

나이가 들면서 우리는 점점 돈의 중요성을 깨닫게 됩니다. 단순히 먹고사는 문제를 넘어서, 우리의 인생 방향과 생활 수준에 직접적인 영향을 미친다는 걸 알게 되죠. 하지만 돈에 대한 생각은 어릴 때부터 싹트기 마련입니다. 제게도 돈에 관한 첫 기억은 어린 시절, 동네 구멍가게에서 시작됐습니다.

그때 우리 동네에는 작고 소박한 구멍가게가 하나 있었습니다. 동네 유일한 가게였고, 먹거리와 문구류, 장난감을 사고파는 장소였어요. 가게 앞에는 우물이 있었고, 온 동네 사람들이 모여서 이야기를 나누곤 했죠. 그 가게에서 가끔 사장님이 새로운 물건을 가져오시면, 동네 사람들의 시선이 모였고, 그날은 어른들조차 어린아이처럼 눈을 빛내며 무엇이 새로 나왔는지 살피곤 했습니다.

하루는 제가 그 가게에 갔다가 반짝이는 장난감을 보게

되었죠. 너무나 갖고 싶었지만, 그 장난감이 제 것이 되려면 부모님이 오셔서 돈을 지불해야 했습니다. 저는 아직 돈의 개념도 모르면서, "절대로 다른 사람에게 팔지 말아 주세요"라고 사장님께 애원했습니다. 하지만 결국 그 장난감은 동네에서 가장 부유한 친구가 사 갔고, 그날 저는 돈의 힘을 처음으로 실감하게 되었습니다.

그 사건은 어린 제 마음에 깊이 각인되었습니다. 우리 집은 넉넉하지 않았습니다. 지금 30평 아파트 안방 정도 되는 작은 방에 살았고, 화장실은 공용이었죠. 요즘 젊은 사람들이 상상하기 어려운 환경이었습니다. 우리 가족은 당시 가난했지만, 부모님은 언제나 저에게 사랑을 아낌없이 주셨습니다. 덕분에 물질적인 궁핍함 속에서도 마음만큼은 행복했습니다. 그래서 그 시절을 돌아보면, 경제적 어려움보다는 부모님의 헌신이 먼저 떠오릅니다.

부모님은 두 분 모두 아침부터 저녁까지 일하시며 가정을 지탱하셨습니다. 제게 장난감을 사 주기에는 무리가 있었지만, 아버지와 어머니의 따뜻한 미소와 그 마음은 제게 큰 위로가 되었습니다. 그 시절 저는 어머니가 힘들게 일하시는 모습을 보며 막연히 '돈을 벌어야겠다'는 다짐을 하곤 했습니다. 언젠가 제가 어머니를 편안하게 모셔야겠다는 작은 목표도 생겼습니다.

어머니는 늘 자식들에게 자신보다 더 좋은 삶을 물려주고자 하셨습니다. 그 마음이 얼마나 컸을지, 나이가 들고 보니 비로소 깨닫게 되더군요. 세월이 흘러 대학교에 들어가며 저는 경제적 독립을 꿈꾸었고, IMF 외환위기라는 국가적 경제 위기를 몸소 체험했습니다. 대학교를 다니면서 아르바이트를 하며 돈을 벌기 시작했고, 조금씩 세상의 쓴맛과 단맛을 알게 되었습니다. 그때 저는 결심했습니다. 안정된 직업을 가지겠다는 것이었죠. 그리고 자연스럽게 금융권에 발을 들이게 되었습니다.

졸업 무렵, 다행히 해운회사에 취업하여 일을 시작했지만, 저는 언제나 금융업계에 대한 꿈을 품고 있었습니다. 그 꿈은 졸업과 함께 실현되었고, 저는 투자신탁회사에 입사하여 금융 세계에 발을 디뎠습니다. 저의 첫 금융업 경력은 막연한 동경을 현실로 바꾸는 시간이었습니다. 2000년대 초반이었고, 금융 시장은 격변을 겪고 있었습니다. 대우그룹 채권 부도, SK글로벌 사태, 미국의 서브프라임 모기지 위기 등 국내외 경제 위기가 잇따라 찾아왔습니다. 특히 2007년의 서브프라임 사태는 금융 시장에 거대한 충격을 주었고, 저 역시 매 순간 그 여파 속에서 치열하게 살아야 했습니다.

이후로도 금융업계에서 일하면서 여러 가지 경제적 파고를 겪었습니다. 그 과정에서 사람을 보는 눈과 나름의 투자 원칙이 생기기 시작했습니다. 누구나 돈을 벌 수 있는 것이 아니었고, 금융 시장은 언제나 변화무쌍했습니다. 많은 고객을 상대하며, 저는 투자의 세계가 단순히 돈을 벌고 잃는 곳이 아니라는 것을 깨달았습니다. 그곳은 삶의 태도와 가치를 반영하는 장소였습니다. 그리고 '부자'란 단순히 자산을 많이 모은 사람이 아니라, 돈과 인생의 균형을 잘 맞추며 살아가는 사람임을 알게 되었습니다.

제가 만난 부유한 사람들은 공통점이 있었습니다. 그들은 겸손했고, 절제와 예의를 갖추었으며, 결코 쉽게 돈을 벌려고 하지 않았습니다. 그들의 성공은 단기간의 운이 아니라, 평생을 두고 키워 온 성실함과 분별력에서 나온 것이었습니다.

마찬가지로, 인생도 오랜 시간 축적된 습관과 원칙이 결실을 맺는 투자와 같습니다. 돈을 잘 관리하는 사람들은 인생도 균형 있게 살아갑니다. 그런 의미에서, 금융 시장에서 우리가 선택하고 지켜야 할 원칙들은 단순히 경제적 수익을 위한 도구가 아니라, 삶을 지탱하는 가치라고 생각합니다.

이 책을 통해 저는 독자 여러분께 돈과 인생에 대해 나누고 싶습니다. 뛰어난 기술이나 복잡한 금융 지식이 아닌, 누구나 이해하고 따라갈 수 있는 돈 관리의 기본을 이야기하려고 합니다. 저는 아직 배워야 할 것이 많은 사람입니다. 그래서 이 책을 쓰는 동안에도 많은 망설임이 있었습니다. 하지만 한 사람이라도 이 책을 통해 작은 도움을 얻고, 안정된 재정과 삶의 균형을 찾을 수 있다면, 그것으로 충분히 가치 있는 일이라 믿습니다.

여러분이 이 책을 읽으며 스스로의 삶과 자산을 돌아보고, 자신만의 의미 있는 금융 습관을 만들어 가길 바랍니다. 돈은 우리의 일상 속에서 큰 부분을 차지하지만, 그것이 삶의 모든 것은 아닙니다. 중요한 것은 우리가 돈을 어떻게 바라보고, 삶의 가치를 어떻게 세우느냐입니다. 부디 이 책이 여러분이 스스로에게 가장 중요한 것이 무엇인지 찾는 데 작은 등불이 되기를 바랍니다.

이 자리를 빌려 언제나 저에게 힘이 되어 준 아내와 사랑하는 아이들, 그리고 이 책을 쓰는 모든 순간 저와 함께해 주신 하나님께 감사의 기도를 드립니다.

| 목차 |

프롤로그: 돈과 삶의 이야기   5

1장 성공하는 사람들의 작은 습관

탁월함은 습관에서 나온다
: 아리스토텔레스의 교훈을 따라   18
습관이 만드는 인생의 가치   21
인생과 투자의 공통 원칙: 기본이 주는 힘   22
나만의 습관 만들기: 작고 확실한 변화부터   24

2장 감정에 흔들리지 않는 투자자의 태도

샤덴프로이데: 투자 세계에서 느끼는 묘한 심리   26
투자 심리와 샤덴프로이데의 딜레마   27
성공의 기억과 아쉬움의 감정   28
투자에 필요한 마음가짐과 태도   29
자존감을 지키는 투자 습관   30
투자와 삶의 균형   33

3장 초심, 중심, 진심: 성공적인 투자와 삶의 원칙

초심을 잃는 순간, 투자에서 잃게 되는 것들   35
중심을 잃지 않는 법: 원칙을 지키는 투자   37
진심으로 고객을 대한다는 것   38
성공적인 투자자에게서 배운 교훈   39

4장　돈도 자식처럼 키워야 한다

돈 관리의 원칙	44
높은 기대수익률과 낮은 위험은 환상이 아닙니다	46
비자발적 장기 보유와 장기 투자의 차이점	47
친구와의 대화와 자산 관리	48
성공적인 투자자의 공통점	49
자산도 자녀처럼 소중히 관리하세요	50

5장　성공과 실패: 투자의 길에서 배우는 가치

투자와 자기 인식: 성공의 첫걸음	53
투자 원칙: 성공적인 자산 관리를 위한 기본 요소	54
투자 실패와 성공의 교훈	57
성공적인 투자를 위한 나침반	58
왕자불간, 내자유가추: 투자와 인생에서의 지혜	59
성공과 실패의 사이에서 배우는 투자 원칙	60
투자 실패에서 얻는 교훈	60
실패에서 얻은 주요 투자 원칙들	61
변화에 대처하고 장기적 관점에서 바라보기	64
지나간 실패를 통해 새로운 기회를 준비하는 자세	64

6장　유년의 공부에서 노년의 지혜까지
: 인생과 투자의 성공을 위한 조언

학습의 가치는 나이에 따라 달라진다	66
투자 공부와 준비: 정보가 곧 무기	67
일반 투자자를 위한 실질적인 공부 방법	68

자녀들을 위한 경제 교육: 가정 내 재정 교육의 중요성   69
투자에 임하는 자세: 나이에 맞는 투자 전략   70
투자에서 유의할 점   71
꾸준한 공부와 지속적인 노력으로 성공을 향해   72

7장 조급함을 버리고 인내를 배우다

모든 일에는 때가 있다   74
투자의 핵심 원칙   75
투자에서 인내와 준비의 중요성   77

8장 건강한 몸과 마음이 성공적인 투자를 만든다

건강한 삶과 지혜로운 선택   79
편리함이 가져온 건강과 소통의 문제   80
정기적 건강 루틴의 중요성   81
습관과 일상에서 찾는 건강   81
가족과 함께하는 행복한 삶   82
작지만 큰 변화가 되는 습관들   83

9장 부자의 기준과 삶의 진정한 가치

부자와 가난을 판단하는 기준   86
부와 삶의 의미   88
부자의 기준과 삶의 진정한 가치   89

10장 직업에서 행복을 찾는 법

직업에서 행복을 찾는 체크포인트 5가지 … 93
직업에서 행복을 찾는 법 … 97

11장 정보에 휘둘리지 않는 투자자의 기준

정보에 민감한 반응이 가져다주는 기회 … 99
지나친 관심이 오히려 독이 될 때 … 100
소수 게임에서 이기는 법: 영화 〈더 빅 쇼트〉에서
얻는 포인트 4가지 … 100
결론: 투자에서도 고독을 견디고 기준을 지키기 … 103

12장 평정심을 유지하는 투자자의 태도

경제적 변동과 투자 심리 … 105
실패와 성공의 기로에서: 극단적인 사례들 … 106
평정심과 냉철한 판단력의 중요성 … 107
얻은 것에 무심하고 잃은 것에 태연하라 … 108

13장 위기가 기회가 되는 순간

변동성 속에서 투자자의 태도 … 113
자만심과 냉철함의 균형 … 114
위기 속에서 빛나는 실력과 경험 … 115
위기와 기회를 위한 준비 … 116
후회와 실수를 대하는 우리의 태도 … 117
포트폴리오와 리밸런싱: 성공을 위한 정리 … 118

14장 후회하지 않는 투자 전략

행운의 순간을 지혜롭게 활용하는 방법   123
후회를 넘어서: 배움의 기회로   124

15장 부모와 자녀, 그리고 경제적 독립

부모의 무한한 사랑과 지원의 딜레마   128
세대 간 경제적 비대칭과 그로 인한 갈등   129
세대 간 재무 교육과 자산 관리   130
자녀의 재정적 독립을 위한 로드맵   131
가정의 경제적 상황과 재무 목표를 공유하기   132

16장 신뢰할 수 있는 금융 관리자는 어떤 사람인가?

주변의 사람들이 나에게 주는 영향   136
금융업계에서의 신뢰의 중요성   137
진정한 관계를 맺는 금융 관리자의 덕목   138
금융 관리자를 선택할 때 고려해야 할 요소들   140
진정한 금융 관리자는 곁에서 힘이 되어 주는 사람   141

17장 목표와 계획이 있는 투자만이 성공한다

금융 상품의 특성과 위험 요소에 대한 이해   144
목표 수익률 설정의 장단점과 리스크 관리   146
펀드 선택과 실물 자산 연계 상품의 특성 이해   147
투자와 위험을 분산할 수 있는 방법: 공모펀드와 사모펀드   148
해외 주식 투자와 환헷지 고려   149

| 투자 트렌드와 ETF의 활용 | 150 |
| 투자에 필요한 마음가짐과 신중함 | 151 |

18장 돈보다 더 소중한 것

삶 속에서 맞이하는 기적과 예측의 부질없음	154
나의 경험을 통한 투자와 인생에 대한 통찰	155
인생에서 기적을 바라보는 태도	156
인생과 투자에서 지켜야 할 원칙	157
삶의 기적을 경험하기 위한 5가지 포인트	158

19장 투자 중독에서 벗어나기

주식 중독 사례 3가지	162
주식 중독의 심리적 메커니즘	166
주식 중독에서 벗어나는 방법	167
한 직장인의 이야기: 경제적 안정을 찾아서	169

20장 절세계좌를 활용한 스마트한 재테크

절세계좌를 활용하여 세금과 자산 관리를 한 번에	177
절세계좌를 통한 재테크 사례	181
절세계좌 활용 방안	183
절세계좌를 활용한 재테크에 대한 조언	185

21장 성공적인 증여와 상속 전략

| 증여와 상속의 의미와 접근법 | 186 |

성공적인 증여와 상속 사례	187
실패 사례와 교훈	190
증여와 상속에 도움이 되는 금융적 접근법과 절세 전략	192
증여와 상속을 통한 재정적 성공과 실패에 대한 교훈	194

22장 연령별 맞춤형 금융 교육

초등학교: 기초 금융 개념과 돈의 가치 이해하기	196
중학교: 예산 관리와 기본적인 금융 개념 배우기	198
고등학교: 투자와 금융 상품에 대한 기본 이해	200
대학교: 자산 관리와 금융 계획 수립	202
성인: 재정 독립과 장기적인 자산 관리	204

23장 노후 대비를 위한 준비

노년기 금융 자산 관리의 필요성	207
노년층을 위한 올바른 포트폴리오 구성	208
노년층 자산 관리의 핵심 원칙	210
노년층 자산 관리 성공 사례	212
노년층 자산 관리를 위한 조언	214
노년층을 위한 자산 관리 전략의 결론	216

24장 금융 투자와 인생의 성공 원칙

성공적인 금융 투자와 성공적인 인생의 공통점과 원칙	217

부록	227
에필로그: 풍요로운 삶을 향한 우리의 여정	285

1장

성공하는 사람들의 작은 습관

탁월함은 습관에서 나온다
: 아리스토텔레스의 교훈을 따라

"탁월함은 습관에서 나온다." 아리스토텔레스가 남긴 이 말은 시간이 지나도 여전히 큰 울림을 줍니다. 우리가 매일 반복하는 작은 행동들이 결국 우리의 성격을 만들고, 그 성격은 우리의 운명을 결정한다는 의미입니다. 이는 성공의 비결이 일상 속 습관에 달려 있다는 것을 시사하죠. 필리핀 속담 중에도 "하려고 하면 방법이 보이고, 하지 않으려면 변명이 보인다"라는 말이 있습니다. 그만큼 무엇을 이루고자 하는 의지와 그것을 뒷받침하는 습관이 중요하다는 의미입니다.

26년간 증권회사에서 일하며, 저는 수많은 고객들과 금융 전문가들을 만나 왔습니다. 특히 저처럼 금융 리테일 영업 부문에서 활동해 온 분들, 흔히 'PB(Private Banker)'로 알려진 사람들과 함께 일해 오며 많은 것을 배웠습니다. 그들은 각기 다른 성격과 스타일을 가졌지만, 뛰어난 성과를 유지하는 이들의 삶을 지켜보면서 성공의 비결은 언제나 일관된 습관에서 나온다는 점을 확인할 수 있었습니다.

저는 그중에서도 몇몇 특별한 능력을 가진 사람들을 떠올리곤 합니다. 이들은 손대는 투자마다 성공을 거두는 탁월한 안목을 가졌고, 높은 수익률을 자랑하곤 했습니다. 마치 영화 〈아마데우스〉에서 살리에리가 모차르트를 지켜보며 느꼈던 감정처럼, 저는 그들을 보며 감탄과 의문이 교차하곤 했습니다. "어떻게 이런 탁월한 결과를 꾸준히 만들어 낼 수 있을까?" 이런 궁금증을 풀기 위해 그들의 투자 습관을 분석해 보기도 했지만, 쉽게 답을 찾을 수 없었습니다. 저 역시 나름대로 성공적이라고 자부했지만, 그들과는 다른 성과를 내는 자신을 보며 스스로를 되돌아보게 되었습니다.

그러던 어느 날, 저는 운이 좋게도 이들과 좀 더 가까운 시간을 가질 기회를 얻었습니다. 때로는 차를 마시며, 때로는 식사를 함께하며 그들의 솔직한 이야기를 들을 수 있었죠. 이들과의 대화에서 그들의 탁월함이 단순히 운이나 재능의 결과가 아니라는 것을 깨달았습니다. 그들에게는 자신만의 습관과 원칙이 있었고, 그 습관들이 일상 속에서 자연스럽게 실천되고 있었습니다.

탁월한 투자자들의 습관은 의외로 단순했습니다. 먼저, 이들은 끊임없이 독서하고, 시장에 대한 정보를 깊이 탐구하는 습관이 있었습니다. 무언가에 집중하면 쉽게 끝내지 않고 자료를 끝까지 파고드는 이들은 시장 보고서를 꾸준히 읽으며 변화의 흐름을 놓치지 않았습니다. 독서를 통해 얻은 지식은 투자 결정에서 확신을 주는 중요한 도구가 되었죠. 또한, 이들은 흡연이나 과도한 음주를 피하고 규칙적인 운동을 즐겼습니다. 몸과 마음의 균형을 중시한 이들은 어려운 투자 상황 속에서도 흔들림 없이 중심을 잡을 수 있었습니다.

또한 이들의 삶에는 지나친 복잡함이 없었습니다. '올바른 삶은 이렇게 사는 거야'라는 듯, 단순함과 소박함을 지향하는 모습을 보였습니다. 돈을 많이 벌었음에도 가족들과의 시간을 중시하며, 과도한 사치나 낭비를 피했습니다. 대개

집, 회사, 운동, 그리고 가족과의 시간으로 삶을 꾸려 나가며, 고요하고 평온한 마음으로 매일을 살아갔습니다. 이런 사람들은 외로움이나 불안감을 투자로 달래지 않고, 오히려 투자에 필요한 집중력과 냉철함을 유지할 수 있었죠.

저는 그들의 삶을 지켜보며, 진정한 행복이란 돈이나 성취가 아니라, 균형 잡힌 삶에서 비롯된다는 것을 깨달았습니다. 단순히 자산을 불리는 것이 아닌, 삶을 건강하고 밝게 만드는 것에 목적을 두는 것이었습니다. 결국, 그들의 습관과 태도가 탁월함을 가능하게 한 원동력이었던 것입니다.

습관이 만드는 인생의 가치

이들처럼 자신만의 습관을 지키며 매일 성실히 살아가는 사람들은 그 습관이 삶을 크게 바꿀 수 있음을 알고 있었습니다. 그렇다면 우리도 지금의 삶에서 어떤 습관을 가지고 있는지 돌아볼 필요가 있습니다. 내가 매일 반복하는 행동이 긍정적인 것인지, 아니면 개선이 필요한 것인지 살펴봐야 합니다. 탁월한 성과는 우연히 찾아오는 것이 아닙니다.

끊임없는 노력이 쌓여 그 결과가 되며, 이는 결국 습관이 됩니다.

이렇게 생각하면 우리는 다음의 질문을 스스로에게 던져볼 필요가 있습니다.

- **포인트 1**: 나는 지금 어떤 습관을 가지고 있을까?
- **포인트 2**: 이 습관이 나에게 어떤 긍정적이거나 부정적인 영향을 미치고 있을까?
- **포인트 3**: 내가 지금의 습관을 10년간 지속한다면, 내 인생에 어떤 의미와 가치를 남길 수 있을까?
- **포인트 4**: 혹시 지금 당장 버려야 할 습관이 있다면, 그것은 무엇일까?

인생과 투자의 공통 원칙
: 기본이 주는 힘

제가 만난 성공적인 투자자들은 기본을 매우 중시했습니다. 일상 속에서 지켜 나가는 규칙들과 가치관은 결코 복잡하지 않았습니다. 그들은 고급 투자 기술이나 위험한 모험을 추구하기보다는, 기본적인 것들을 충실히 실천했습니다. 이들은 장기적인 관점에서의 성장을 바라보며, 단기적인 유혹을 이겨 내고 꾸준히 원칙을 지켰습니다.

그런 의미에서 인생도 투자와 매우 닮아 있습니다. 좋은 습관과 원칙을 세우고 그것을 지키려는 노력이 결국 큰 가치를 만들어 내는 것입니다. 단기적으로는 별다른 성과가 보이지 않더라도, 긴 시간 동안 쌓인 습관은 언젠가 결실을 맺게 되어 있습니다. 반면, 좋은 습관을 지키는 데는 시간과 인내가 필요합니다. 처음에는 어렵고 더딘 듯 보일 수 있지만, 시간이 지나면 습관의 힘이 얼마나 큰지를 알게 될 것입니다.

탁월한 삶을 살기 위해 지금 우리에게 필요한 것은 거창한 변화나 대단한 결단이 아닙니다. 대신, 오늘 하루를 더 나은 방향으로 만드는 작은 습관부터 시작해 보세요. 예를 들어, 매일 아침 일찍 일어나 운동을 하거나 책을 읽는 시간을 가지는 것도 좋은 출발입니다. 이러한 작은 변화가 하나하나 쌓이다 보면, 그것이 결국 우리의 삶을 이끌어 갈 것입니다.

나만의 습관 만들기
: 작고 확실한 변화부터

삶은 짧고, 우리가 가진 시간은 유한합니다. 그러나 그 안에서 하루하루를 의미 있게 만들어 가는 것이 결국 우리 인생의 질을 결정합니다. 투자에서 탁월한 결과를 만드는 사람들이 그렇듯, 우리 삶에서도 '탁월함'은 작은 변화에서 시작됩니다. 우리는 하루아침에 큰 성과를 만들 수 없지만, 매일의 작은 노력이 쌓여서 큰 변화를 일으킬 수 있습니다.

탁월함을 이루기 위한 습관을 만들기 위해, 다음과 같은 작은 실천을 시작해 보세요.

1. **독서 습관 기르기**: 하루 10분이라도 경제 관련 서적이나 시장 보고서를 읽어 보세요. 작지만 꾸준히 지식을 쌓아 가는 습관이 중요한 시작입니다.
2. **신체와 마음의 건강 유지하기**: 꾸준한 운동과 규칙적인 생활 습관이 몸과 마음을 안정시켜 줍니다. 건강한 몸은 긍정적인 마음과 판단력을 유지하는 데 큰 도움이 됩니다.

3. **주변 사람들과의 관계 중시하기**: 가족과 친구에게 충실한 시간과 관심을 기울이세요. 투자에서도 인생에서도, 긍정적인 관계는 큰 자산이 됩니다.
4. **목표와 원칙 설정하기**: 무엇을 위해 살고 있는지, 어떤 목표를 이루고 싶은지 정리해 보세요. 작은 목표라도 매일 목표를 되새기며 실천해 나간다면, 어느새 삶의 큰 의미를 만들어 갈 수 있을 겁니다.

2장
감정에 흔들리지 않는 투자자의 태도

샤덴프로이데
: 투자 세계에서 느끼는 묘한 심리

우리 모두가 살면서 한 번쯤은 느껴 봤을 법한 감정, 바로 '샤덴프로이데'입니다. 이 독일어는 '손해'를 뜻하는 '샤덴'과 '기쁨'을 뜻하는 '프로이데'의 합성어로, 타인의 불운이나 실패를 보며 묘한 쾌감을 느끼는 심리를 가리킵니다. 물론 대다수의 경우, 우리는 주변의 성공을 기꺼이 축하해 줍니다. 동료가 성과를 내거나, 친구가 기쁜 소식을 전할 때 함께 기뻐하고 감동을 느끼는 것은 자연스러운 일입니다.

하지만 이상하게도, **투자의 세계**에서는 조금 다른 반응이 나타나기도 합니다. 내가 투자하지 않은 종목이 급등했거나, 다른 사람의 투자 자산이 크게 오를 때, 축하해 주는 마음과 함께 어딘가 모르게 질투와 아쉬움이 느껴지기도 하죠. '내가 저걸 샀어야 했는데'라는 생각이 떠오르며 마음이 심란해지는 경험, 한 번쯤 해 보지 않으셨나요?

투자 심리와 샤덴프로이데의 딜레마

저는 오랜 금융업계 경력에서 수많은 투자자들을 만나며 이 '샤덴프로이데'라는 심리를 자주 목격했습니다. 심지어 좋은 수익률을 낸 고객분들이 지인들을 소개해 주시면서 "저분들에게도 꼭 좋은 수익률을 안겨 드리라"고 신신당부하곤 합니다. 저 또한 그 기대에 부응하고 싶어 최선을 다해 투자 전략을 짜고 운영하지만, 항상 원하는 성과를 내기란 쉽지 않습니다. 똑같은 종목을 매수했음에도 결과는 미묘하게 다를 때가 많습니다. 한 고객에게는 큰 수익이 나는데, 다른 고객에게는 그렇지 않은 경우도 있습니다. 같은 종목임에도 수익률이 다른 이유는 시장 타이밍, 매도 시점 등 작은 변수들이 누적되면서 발생하는 것입니다. 그리고 이런 차이가 반복되다 보면, 성과에서 차이가 나는 상황이 발생하곤 합니다.

더 나아가, 오랜 투자자들 사이에서는 본인의 수익률보다 지인의 수익률을 더 궁금해하는 미묘한 심리가 보이기도 합니다. 실제로 자매 고객 두 분이 함께 투자를 시작하셨던 사례가 떠오릅니다. 한 분은 N사 주식을 40% 수익이 났을 때 매도했지만, 다른 분은 장기 보유를 결정하셨습니다. 현재 이 주식은 15배가 넘는 수익률을 기록하고 있죠. 그 후로 이 자매분들 사이에서 '주식'이라는 단어 자체가 민감한 주제가 되어 버렸습니다. 먼저 매도한 동생은 언니의 수익률을 보며 괜스레 속상해하며 묘한 질투를 느낄 수도 있을 것입니다.

성공의 기억과 아쉬움의 감정

가끔 고객들께서 성공적인 투자 경험을 떠올리며 이야기를 나누실 때가 있습니다. "삼성전자를 3만 원에 샀다가 300만 원에 팔았어요.", "에코프로비엠을 샀다가 얼마에 팔았죠." 이런 이야기를 듣고 있으면, 옆에서 듣는 사람들 입장에서는 정말 축하해 주고 싶은 마음과 동시에 어딘가 씁쓸한 기분이 교차하는 걸 느낄 때가 있습니다. 사실 투자 세계에서는 이런 일이 일상적으로 벌어집니다. 다른 사람의 성공을 축하하지만, 한편으로는 나 자신도 비슷한 성과를 내고 싶다는 바람과 아쉬움이 뒤섞이는 것이죠.

일상생활에서는 자녀 자랑, 손주 자랑이 있듯이, 투자 세계에서도 성공적인 투자 경험을 자랑하고 싶어 하는 것이 인지상정입니다. 하지만 자랑이 지나치면 다른 사람들에게 불편을 줄 수도 있습니다. 요즘 흔히 말하듯, 자녀 자랑을 하려면 돈을 꺼내 놓고 하라는 우스갯소리가 있는 것처럼, 투자 성공담도 적절한 선을 지키는 것이 좋습니다.

투자에 필요한 마음가짐과 태도

우리의 일상과 마찬가지로, 투자 세계에서도 언제나 좋은 일만 있는 것은 아닙니다. 때로는 큰 손실을 겪고, 예상치 못한 시장의 변동성에 맞닥뜨리기도 합니다. 이때 투자자의 태도는 크게 두 가지로 나뉩니다. 고수 투자자들은 큰 수익이나 손실에도 크게 동요하지 않고, 장기적인 관점에서 시장을 바라보며 차분히 대응합니다. 반면 경험이 적은 투자자들은 시장 상황에 휘둘리며 감정적으로 반응하는 경향이 있습니다. 시장이 불안정할 때, 초조해하며 자산을 매도해 버리기도 하고, 순간의 감정에 휩싸여 판단을 흐리기도 합니다.

고수들은 자신만의 투자 원칙을 가지고 있습니다. 시장이 아무리 오르거나 내리더라도, 자신의 원칙에 따라 일관되게 투자하며 주변의 변화에 크게 흔들리지 않습니다. 반면 아마추어 투자자들은 시시각각 변하는 시장에 휘둘리며, 좋은 성과를 내는 지인이나 투자 성공담에 동요하여 감정적으로 투자 결정을 내리기 쉽습니다.

자존감을 지키는 투자 습관

투자의 세계에서 가장 중요한 것은 **타인의 성공이나 실패에 흔들리지 않는 자기 자신만의 원칙**을 갖는 것입니다. 내게 맞는 목표와 투자 계획을 세우고, 이를 흔들림 없이 실행해 나가는 것이야말로 성공적인 투자로 나아가는 첫걸음입니다.

타인의 성과와 비교하는 습관을 벗어날 때 우리는 비로소 자기 자신에게 집중할 수 있습니다. 투자에 성공한 사람들은 항상 일희일비하지 않으며, 철저히 자신만의 길을 걸어갑니다. 따라서 다음의 질문들을 스스로에게 던져 보며, 나만의 원칙을 다지는 것이 필요합니다.

1. 투자 자금은 충분한 여유를 두고 운용할 수 있는 자금인가?

투자는 단기간에 성과를 기대하기보다는, 장기적인 안목을 가지고 여유 자금으로 진행하는 것이 중요합니다. 여유 자금이 아닌 경우, 불필요한 심리적 부담을 느끼기 쉬우며, 시장의 변동에 더욱 취약해질 수 있습니다.

2. 좋은 투자 수익률을 주변에 자랑하고 싶은가?

때때로 높은 수익률을 자랑하고 싶은 마음이 생길 수 있지만, 성공적인 투자자는 과도한 자랑을 피하며 차분한 마음을 유지합니다. 내 자산과 투자 성과에 집중하고, 남에게 과시하려는 마음을 다스려야 합니다.

3. 내가 가진 투자 자산의 목표와 가치를 명확히 알고 있는가?

투자 자산에 대해 명확한 목표와 가치를 설정하는 것이 중요합니다. 단순히 높은 수익을 기대하기보다, 나의 삶과 목표에 부합하는지를 고민해 보아야 합니다.

4. 다른 사람의 아픔과 슬픔을 이해하며, 내 일상에 대한 감사함을 느끼는가?

타인의 성공을 질투하기보다, 다른 사람의 어려움에 공감하고 감사의 마음을 가지는 것은 긍정적인 투자 태도를 기르는 데 큰 도움이 됩니다. 감사하는 마음은 투자의 결과에 상관없이 내 삶을 더 풍요롭게 해 줍니다.

투자와 삶의 균형

투자에 성공하는 것은 물론 중요합니다. 하지만 그보다 더 중요한 것은 내 삶의 가치와 행복을 지켜 나가는 것입니다. 다른 사람의 성공을 부러워하기보다는 나만의 투자 원칙을 세우고, 그에 따라 꾸준히 실천해 나가세요. 투자에서 가장 큰 성공은 자존감을 잃지 않으며 자신만의 길을 걸어가는 것입니다. 투자 세계의 심리적 도전을 이겨 내고, 흔들림 없는 원칙을 세워 나가면 여러분의 투자는 분명 더 큰 안정감과 의미를 얻게 될 것입니다.

3장

초심, 중심, 진심
: 성공적인 투자와 삶의 원칙

"처음 먹은 마음은 초심, 결코 흔들려서는 안 되는 마음은 중심, 마음 깊은 곳에서 우러나오는 마음은 진심입니다."

우리가 일상과 투자를 살아가는 방식에 대해 이보다 더 진실된 조언이 있을까요? 스티브 잡스는 "Stay hungry, stay foolish"라며 끊임없는 배움과 도전을 권했고, 고대 속담들은 성공이 결국 부지런함에서 비롯된다는 것을 상기시킵니다. 그러나 투자의 세계에서 초심을 지키고 중심을 잃지 않으며 진심으로 임하는 것은 그리 간단하지 않습니다.

저는 금융업계에 입문한 이후 다양한 고객과 동료들을 만나며 초심의 중요성을 절감해 왔습니다. 입사 초기에 한 선배님이 술자리에서 하신 말씀이 아직도 생생하게 기억납니다. 그분은 취중에도 제게 "지금 같은 마음으로 끝까지 간다면, 너는 언젠가 이 회사를 경영하게 될 거야"라고 하셨죠. 초심을 잃지 말라는 이 말은 이후 제 경력의 기준이 되었습니다. 선택의 순간마다 이 말을 떠올리며 '조금만 더 해 보자'는 용기를 얻었습니다.

초심을 잃는 순간, 투자에서 잃게 되는 것들

투자의 세계에서 초심을 지키는 일은 더욱 어렵습니다. 상담을 할 때 제가 가장 자주 묻는 질문 중 하나는, "이 돈은 고객님에게 어떤 의미인가요?"입니다. 누구에게나 돈은 소중하지만, 자금을 투자할 때 각자 돈에 담긴 의미와 가치가 다릅니다. 돈을 벌기 위해 겪어 온 과정과 희생을 이야기하며 고객의 투자 목적과 가치관을 이해하는 것은 저에게도 중요한 과정입니다.

그러나 고객과 PB 모두 초심을 잃는 순간이 오기도 합니다. 초기 상담 시 고객님들 대부분이 "저는 욕심이 없고, 은행 수익률의 두 배 정도면 충분해요. 모두 맡기니 잘 부탁드립니다"라고 말씀하시지만, 막상 투자 종목이 급등하거나 좋은 수익을 보게 되면 욕심이 생기는 경우가 많습니다. "조금 더 기다려 볼까요? 돈이 더 있는데 추가로 투자할까요?" 이런 생각들이 초심을 잃게 만들고, 어느덧 중심을 흔들리게 합니다. 더 나아가 '이제 나는 투자의 고수가 됐다'는 착각 속에서 큰 욕심을 품게 되는 경우도 많습니다.

하지만 이러한 무리한 욕심은 결국 큰 손실을 초래할 수 있습니다. 초심을 잃고, 중심을 지키지 못한 채 투자하는 것은 마치 적진 깊숙이 들어갔다가 발이 묶여 버린 군대와 같습니다. 상황이 악화되었을 때 빠져나오기 어려워지고, 손실을 최소화할 방안조차 찾기 어려워집니다. 이럴 때 필요한 것은 초심을 되찾아 현 상황을 냉정하게 분석하고 빠르게 대응하는 것입니다.

중심을 잃지 않는 법
: 원칙을 지키는 투자

투자는 오르내림이 있는 시장에서 중심을 지키며, 원칙에 따라 운영해야 하는 여정입니다. 초심을 유지하되, 투자의 중심을 잃지 않기 위해 자신만의 원칙을 세우는 것이 중요합니다. 투자 중에는 예상치 못한 상황이 발생하기 마련입니다. 이런 때에 대응할 수 있는 명확한 원칙이 있다면, 우리는 흔들림 없이 결정을 내릴 수 있습니다. 예를 들어, '목표 수익률이 달성되면 반드시 매도한다'는 규칙을 정해 두면 시장 변동에도 초연하게 행동할 수 있습니다. 그러나 원칙이 없다면 시장의 변동성에 휘둘리기 쉽고, 그로 인해 수익률이 아닌 큰 손실을 감내하게 될 가능성이 높아집니다.

고객에게는 원칙을 지킬 수 있는 PB가 필요합니다. 투자 자산을 관리하는 PB는 고객의 목표를 존중하고, 시장 상황에 흔들리지 않도록 이끌어야 합니다. 초심을 잃은 고객에게 초심으로 돌아가도록 안내하는 것이 PB의 역할입니다. 또한 PB 역시 고객의 자산을 자신의 자산처럼 여기고 중심을 지키며 함께 해야 합니다. 초심과 중심을 잃지 않는 것은 투자자가 투자에 성공하기 위한 필수 요건이며, 좋은 PB 역시 이러한 원칙을 지킬 때 비로소 고객에게 진정한 가치를 전달할 수 있습니다.

진심으로 고객을 대한다는 것

제가 PB로서 고객과 만남을 지속하며 가장 중요하게 여긴 것은 진심입니다. 고객의 이야기에 진심으로 귀를 기울이고, 그들이 어떤 목표와 마음으로 투자를 시작했는지 이해하는 일입니다. 2020년부터 2024년까지 수많은 시장 변화를 경험하면서 고객을 진심으로 대하는 것이 얼마나 중요한지 깨달았습니다. 변동성이 큰 시장 속에서 고객의 자산을 지키는 것은 쉬운 일이 아니었습니다. 큰 손실을 경험하게 되면 불면의 밤을 보내며 많은 후회를 하기도 했습니다. 어떤 고객의 자산을 충분히 지키지 못했던 경험은 여전히 제게 큰 부담으로 남아 있습니다. 고객과의 신뢰를 지키기 위해서는 자신의 초심과 중심, 그리고 진심을 잃지 않고 고객과 함께해야 합니다.

금융업계에 있는 분들께, 고객을 대할 때 진심 어린 마음으로 그들의 자산을 지켜 주기를 권합니다. 고객의 자산은 단순한 숫자가 아니라, 그들이 쌓아 온 시간과 노력의 결정체입니다. 그 자산이 가지는 가치를 진심으로 이해할 때 우리는 더 큰 책임감과 사명감을 느낄 수 있습니다.

성공적인 투자자에게서 배운 교훈

제가 경험한 성공적인 투자자들은 한결같이 매우 겸손하고, 깊이 있는 고민과 원칙을 가지고 있었습니다. 그들은 자신만의 투자 원칙을 철저히 지켰으며, 불확실한 시장 상황에서도 흔들리지 않았습니다. 많은 책을 읽고 시장의 흐름을 파악하며, 매매를 결정할 때도 신중하게 고민했습니다. 이러한 투자자들은 단순히 돈을 많이 벌기 위해서가 아니라, 자신만의 철학을 가지고 투자에 임했습니다. 그래서 어떤 고객들은 결정적인 순간에 손절할지, 계속 보유할지 명확하게 판단했습니다.

그런 고객들을 설득하기는 쉽지 않았습니다. 그들에게 새로운 투자 상품을 추천할 때는 충분한 논리와 설명이 필요했고, 그들이 납득할 수 있을 만큼의 근거를 제시해야 했습니다. 이렇게 명확한 목표와 원칙을 가진 고객들은 PB의 말만 듣고 투자 결정을 내리지 않았고, 스스로에 대한 확신을 가지고 있었습니다. 이들은 매매 시기를 정확히 판단하고, 자신이 목표한 수익률에 도달했을 때 과감히 손을 털 줄 알았습니다. 저 또한 이러한 고객들을 통해 많은 것을 배웠습니다.

초심을 잃지 않고 중심을 지키기 위해, 그리고 진심으로 임하기 위해 스스로에게 질문해 볼 필요가 있습니다. 이러한 질문들은 단순한 투자 지침을 넘어, 투자와 삶의 균형을 되돌아보는 데 중요한 역할을 합니다.

〈함께 생각해 볼 질문들〉

1. 나에게 지금 투자하고 있는 자금은 어떤 의미가 있는가?
   자산의 의미를 명확히 하는 것은 투자 성공의 첫걸음입니다. 돈이 가진 진정한 의미를 깨닫고, 그에 따른 전략을 세우는 것이 중요합니다.

2. 투자 기간과 목표 수익률은 어느 정도인가?

장기적인 관점을 가질 때, 단기적 변동성에 흔들리지 않을 수 있습니다. 목표 기간과 수익률을 명확히 설정하여, 감정에 휘둘리지 않는 계획을 세워 보세요.

3. 생각보다 빠르게 목표 수익률에 도달했다면, 나는 어떤 선택을 할 것인가?

빠른 성공이 찾아왔을 때, 무리한 욕심을 부리지 않고 초심으로 돌아가는 용기를 가져야 합니다. 이를 통해 원칙을 지키고 안정된 투자를 이어 갈 수 있습니다.

4. 계획보다 성과가 미치지 못한다면 어떻게 할 것인가?

목표 수익률에 도달하지 못했을 때는 당황하지 말고 대안을 마련하세요. 그동안의 원칙을 되새기며, 투자를 재정비할 필요가 있습니다.

5. 내 옆에 투자 원칙을 지켜 줄 수 있는 좋은 조언자가 있는가?

초심과 중심을 지킬 수 있도록 도와줄 수 있는 PB나 조언자가 있다면, 투자 여정에서 중요한 버팀목이 될 것입니다.

 투자는 돈을 늘리는 과정이자, 자기 자신과 마주하는 과정입니다. 성공적인 투자자는 자산을 늘리는 것에 앞서 자신의 마음을 다스리고, 원칙과 신념을 지킵니다. 세상의 모든 투자자는 언젠가 실패와 손실을 경험하게 됩니다. 그러나 초심과 중심, 진심을 잃지 않는 투자자는 그 속에서 배움을 얻고 다시 일어설 수 있습니다.
 이 책을 통해 독자들이 자신의 투자 여정에서 초심과 중심을 잃지 않고, 나아가 진심으로 투자에 임하며 행복한 삶을 만들어 가길 바랍니다.

4장

돈도 자식처럼 키워야 한다

"적게 얻으려면 적게 희생하면 된다. 많이 얻고자 하면 많이 희생해야 한다."

"큰 부모는 작게 될 자식도 크게 키우고, 작은 부모는 크게 될 자식도 작게 키운다."

종종 고객과의 상담 자리에서 저는 '투자는 자녀를 키우는 것과 참 비슷하다'는 비유를 합니다. 부모라면 누구나 자녀의 작은 상처에 마음이 쓰이고, 아이가 잘못된 길로 빠지지 않을까, 아프지 않을까 노심초사하며 애정을 쏟습니다. 부모들은 자녀를 위해 학교에도 찾아가고, 고액의 학원비도 기꺼이 감수하며, 학습과정에 세심한 관심을 기울입니다.

그런데 정작 기대와 달리 아이가 고맙다는 표현도 없이 반항할 때, 마음이 아프기도 하고 '내가 이러려고 고생했나'하는 생각이 들기도 하죠.

  자녀 키우기와 마찬가지로, 돈도 애정을 가지고 관리해야 합니다. 대다수 사람들은 자신의 자산에 관심이 많습니다. 혹시 투자처가 잘못되거나 원금이 날아갈까 걱정하며 여기저기 정보를 찾아보죠. 세미나를 듣고, 유튜브를 보며 신중히 투자처를 선택하지만, 결과가 내 뜻대로 되지 않을 때는 실망도 큽니다. 그러나 돈이 오르기 시작해 조금씩 성과가 보이면 작은 수익에도 큰 기쁨을 느끼는 것이 투자자의 마음입니다. 이처럼 자산이 성장하는 것을 바라보는 일은 자녀가 자라는 모습을 지켜보는 것과도 같습니다.

돈 관리의 원칙

  이런 마음가짐을 바탕으로, 저는 자산을 맡기는 고객분들께 몇 가지 원칙을 제안 드립니다.

1. 지나친 관심도, 지나친 무관심도 피하세요

돈도 자녀처럼 적절한 관심이 필요합니다. 지나치게 방임하면 자산이 엉뚱한 방향으로 흐르고, 너무 집착하면 시장 변화에 따라 불필요한 결정을 내리기 쉽습니다. 자녀의 성장에는 적당한 관심과 자유로움이 필요한 것처럼, 자산 역시 그 균형을 유지하며 관리하는 것이 중요합니다.

2. 정기적인 점검과 소통이 필요합니다

최소 한 달에 한 번은 담당 PB와 자산 상황을 점검하고 소통하세요. 월간 수익률을 확인하며 목표와 실제 성과를 비교해 보고, 그 이유를 묻는 과정이 필요합니다. 자녀 교육에서 학업의 경과를 챙기고 필요시 개선책을 마련하는 것처럼, 자산 관리는 점검과 대책 마련이 필수적입니다. 만약 PB가 소통이나 대안 제시를 충분히 하지 않는다면, 담당 PB나 금융기관을 변경하는 것도 고려해 보세요.

3. 투자 서비스의 비용과 가치에 대해 합리적으로 생각하세요

가끔 온라인을 통해 무료 수수료로 거래하면서도, 오프라인 PB의 조언과 서비스를 기대하는 경우가 있습니다. 서비스에는 적절한 비용이 따릅니다. 무료 수수료가 매력적으로 느껴질 수 있지만, 그만큼 서비스의 깊이도 다를 수밖에 없습니다. 합리적인 투자 문화는 서로에게 정당한 보수를 지불하고 공정하게 서비스를 이용할 때 형성됩니다. 이러한 관점을 가지고, 믿을 수 있는 PB와 협력하여 장기적인 관점에서 자산을 관리하는 것이 좋습니다.

높은 기대수익률과 낮은 위험은 환상이 아닙니다

대부분의 투자자는 **위험은 낮으면서 수익은 높은** 자산을 원합니다. 그러나 너무 좋은 조건은 언제나 경계해야 합니다. 기대수익률이 높지만 위험이 낮다는 상품은 실제로는 그렇지 않을 가능성이 큽니다. 최근 가상화폐나 파생상품 투자에서 문제가 발생한 이유도 이 때문입니다.

그리고 또 하나의 흔한 실수는 '이 종목이 더 오를 것'이라는 막연한 기대감에, 원칙 없이 계속해서 투자를 이어 가는 것입니다. 이런 투자 패턴은 결국 큰 손실을 초래할 가능성이 높습니다. 사실 올바른 투자는 정해진 목표에 도달했을 때 과감히 수익을 실현하고, 철저히 원칙에 따라 매도 결정을 내리는 것입니다.

시장에서는 항상 다양한 소문과 유혹이 넘칩니다. '이 주식은 대박이 날 것이다'라는 소문이 돌고, 나아가 '팔지 말고 더 가져가야 한다'는 생각이 들기도 합니다. 하지만 경험에 따르면, 이러한 **확증 편향**에 의한 투자는 장기적으로 부정적인 결과를 가져오는 경우가 많습니다. 따라서 올바른 원칙과 자산 운용 전략을 지켜 나가는 것이 중요합니다.

비자발적 장기 보유와 장기 투자의 차이점

장기 투자는 우량 자산을 오래 보유하는 것을 의미합니다. 제가 말하는 장기 투자는 **내가 진정으로 보유하고 싶은 자산을 오랜 기간 동안 믿고 가져가는 것입니다**. 반면, 손실을 회복하려는 목적으로 손해 본 자산을 무작정 보유하고 있는 것은 **비자발적 장기 보유**라고 할 수 있습니다. 이러한 자산은 언제든 교체의 대상이 될 수 있으며, 이익을 얻을 가능성이 낮습니다.

자산을 관리할 때 장기 투자와 비자발적 장기 보유를 구분하여 전략을 세우는 것이 중요합니다. 우량 자산은 시간과 함께 가치를 더하며, 장기적으로 자산을 안정적으로 증식시키는 역할을 합니다. 반면, 손실이 나아지기만을 바라는 투자 자산은 냉정하게 판단해 필요한 경우 과감히 교체하는 것이 좋습니다. 이러한 원칙을 지켜 나가며 자산을 관리할 때, 우리는 투자에서 더 큰 안정감과 성취감을 얻을 수 있습니다.

친구와의 대화와 자산 관리

자산을 관리하면서 유의할 점 중 하나는 지나치게 편중된 정보를 무작정 신뢰하지 않는 것입니다. 때로는 친구나 지인들이 "좋은 종목 추천해 줘", "뭐가 유망하냐" 하며 가벼운 마음으로 접근하기도 합니다. 이런 경우, 잘못된 정보로 인해 손실이 발생하면 그 책임을 남에게 전가하려는 경향이 있습니다.

또한, 금융 서비스와 자문을 받으려면 정당한 수수료를 지불하는 것이 좋습니다. 일부 고객이나 지인들 중에 수수료는 아끼면서도, PB에게 금융정보와 서비스를 기대하는 경우가 있습니다. 그러나 서비스에는 합당한 비용이 따르며, 그에 따른 가치가 있기 마련입니다. 공정한 금융 서비스 문화는 적절한 보수를 지불하며 서로의 가치를 인정할 때 형성됩니다.

성공적인 투자자의 공통점

제가 만난 성공적인 투자자들은 한결같이 자산에 대한 깊은 이해와 관심을 가지고 있었습니다. 이들은 자산의 성장 가능성을 정확히 평가하며, 무분별한 매매를 피했습니다. 또한, 자신이 세운 목표와 원칙에 따라 꾸준히 자산을 관리하며, 매매의 시기를 정확히 판단하는 능력을 갖추고 있었습니다.

장기 투자를 할 때는, 단기적인 시세 변동에 휘둘리지 않고 **명확한 원칙을 유지**하는 것이 중요합니다. 성공적인 투자자들은 겸손한 마음으로 자산을 대하며, 유혹에 흔들리지 않고 자신의 투자 방침을 지켜 나갔습니다. 이와 같은 원칙적인 태도는 투자에서 큰 성공을 가져오는 중요한 요소입니다.

자산도 자녀처럼
소중히 관리하세요

자산 관리는 자녀를 돌보는 것처럼 꾸준한 관심과 적절한 조언이 필요합니다. 너무 방치하지도 말고, 지나치게 집착하지도 마세요. 자산을 믿을 수 있는 전문가와 함께 점검하며, 자신의 목표에 맞게 관리해 나가는 것이 바람직합니다. 자산이 커가는 과정에서 때로는 기대와 다를 때도 있겠지만, 올바른 투자 원칙과 신뢰할 수 있는 PB와의 협력으로 성공적인 자산 운용이 가능할 것입니다.

여러분께서도 자산 관리의 중심을 잃지 않고, 늘 처음 먹었던 초심을 되새기며 자산을 소중히 다루어 나가시길 바랍니다.

투자와 자산 관리에서 가장 중요한 것은 자기 자신을 이해하는 것입니다. 자신의 목표와 가치관에 맞는 자산 운용 원칙을 세우고, 주기적으로 점검하며 유지해 나가는 것이 중요합니다. 스스로에게 다음의 질문을 던지며 자산을 돌아보세요.

〈함께 생각해 볼 질문들〉

1. 당신의 자산에 대해서 얼마나 관심을 가지고 있습니까?
2. 자산을 얼마나 자주 점검하고 관리하십니까?
3. 당신이 생각하는 우량 자산과 비우량 자산의 기준은 무엇입니까?
4. 고민을 안겨 주는 자산이 있다면, 이를 어떻게 처리할 것인지 계획이 있습니까?
5. 당신에게 믿을 수 있는 PB가 있고, 그들에게 정당한 보수를 지불하며 거래하고 있습니까?

5장

성공과 실패
: 투자의 길에서 배우는 가치

"실패하지 않고 성공할 수 없다. 하지만 같은 실패를 두 번 하면 성공할 수 없다."

 이 말은 우리가 일상 속에서 실감하는 진리이기도 합니다. 누구나 성공을 원하지만, 그 길에는 예상치 못한 실패와 좌절이 함께하기 마련입니다. 최근 대학원 수업 중, 교수님께서 말씀하신 성공과 실패의 기준에 대한 이야기가 인상 깊었습니다. 교수님은 목표와 현실의 간극이 문제의 크기를 결정한다고 하셨습니다. 예를 들어, 학생이 서울대를 목표로 한다면 현재 성적이 반에서 30등일 경우, 큰 문제의 간극이 생기는 셈이죠. 이럴 때 필요한 것은 자기 인식과 현실적

대안입니다. 목표를 위해 많은 시간과 노력을 기울이거나, 목표를 조정하여 간극을 줄이는 방법도 선택지입니다.

이러한 원칙은 학업뿐만 아니라 우리의 투자에서도 적용될 수 있습니다. 성공의 가능성을 높이려면 스스로의 위치를 정확히 알고, 목표와 현실의 차이를 현실적으로 이해하는 자세가 필요합니다.

투자와 자기 인식
: 성공의 첫걸음

투자의 세계에서는 가끔 현실적이지 않은 목표를 가진 투자자들을 만나게 됩니다. 1천만 원으로 3년 내 10억을 만들겠다는 목표를 가지고 있거나, 30억으로 1년 안에 100억을 만들겠다는 목표를 가진 분들이 있습니다. 이런 목표에는 재무적 계획이 없고, 오로지 '돈만 많이 벌고 싶다'는 바람만 존재합니다. 재무 목표나 투자 목적에 대한 깊은 이해가 없으면 이러한 투자 태도는 매우 위험할 수밖에 없습니다.

특히나 최근 몇 년 동안 테슬라, 전자화폐, 2차전지, 반도

체 등에서 큰돈을 번 사례를 자주 접하면서, 성공의 본질이 흐려지는 경우가 많습니다. 그분들의 성공이 진정한 투자 원칙에 근거한 것인지, 아니면 단순한 운의 결과인지 고민해 볼 필요가 있습니다. 투자는 장기적 관점에서 원칙과 목표를 가지고 접근해야 진정한 성과로 이어질 수 있습니다.

투자 원칙
: 성공적인 자산 관리를 위한 기본 요소

투자에서 진정한 성공을 위해 중요한 몇 가지 원칙을 살펴보겠습니다.

1. 좋은 자산을 구분하는 능력

투자에서 중요한 것은 올바른 자산을 선택하는 능력입니다. 일상의 작은 관심에서도 좋은 자산을 발견할 수 있습니다. 한 예로, 오랫동안 학원 강사로 일하셨던 고객이 매장 방문 중 특정 브랜드의 카레 제품이 항상 비어 있는 것을 보고 그 기업의 가치를 알아보게 되었다는 사례가 있습니다. 이분은 기업의 재무제표와 시장 평가를 검토한 후 10억을 투자했고, 결과적으로 큰 수익을 올렸습니다. 좋은 자산을 발견하는 감각은 일상 속에서도 충분히 발휘될 수 있습니다.

2. 장기 투자

성공적인 투자는 장기적인 관점을 필요로 합니다. 워런 버핏이 코카콜라를, 캐시 우드가 테슬라를 오랜 기간 동안 보유하며 큰 성공을 거둔 것처럼, 좋은 자산을 선택했다면 인내심을 가지고 충분한 시간을 기다리는 것이 필요합니다. 자산 관리에서 중요한 것은 매출과 시장 흐름에 변동이 생기지 않는 한 장기적으로 핵심 자산을 유지하는 것입니다.

3. 분산 투자

"계란을 한 바구니에 담지 말라"는 격언처럼, 투자에서는 분산이 중요합니다. 주식, 부동산, 보험 등 다양한 자산에 자금을 분배하여 리스크를 분산해야 합니다. 분산 투자 전략을 통해 개별 자산의 변동성에 대한 리스크를 줄이고, 안정적인 포트폴리오를 유지할 수 있습니다. 정기적인 점검과 조정으로 자산의 균형을 유지해 나가는 것이 바람직합니다.

4. 여유 자금으로 투자하기

투자 자금은 반드시 여유 자금으로 구성해야 합니다. 대출이나 신용으로 주식에 투자하면 시장 변동에 따라 큰 위험을 감수해야 합니다. 급히 돈을 빌려 투자하는 것은 확신이 아닌 불안에서 비롯된 경우가 많습니다. 이럴 때는 장기적인 관점에서 투자를 지속하기 어려워지고, 단기 수익에만 급급해질 수 있습니다.

5. 단기 매매를 피하고 원칙을 지키기

단기 매매는 자산을 빠르게 증식하려는 욕심에서 비롯되곤 합니다. 단타로 수익을 얻은 사례도 있지만, 장기적으로 안정된 성과를 얻기 어렵습니다. 매매의 빈도를 줄이고, 장기적인 성과를 위해 꾸준히 보유하는 것이 더 좋은 투자 방법입니다. 시장의 일시적 변화에 흔들리지 않도록 자기 원칙을 지키는 자세가 필요합니다.

6. 자산 관리는 가족과 함께

자산 관리는 가정 내 소통을 통해 이뤄져야 합니다. 투자 결정이 독단적으로 내려지면, 예상치 못한 결과가 나왔을 때 원망과 갈등이 발생하기 쉽습니다. 따라서 부부가 함께 자산 상황을 공유하고, 가족의 재정 계획을 주기적으로 점검하는 것이 중요합니다. 또한 상속과 증여에 대한 사전 계획을 통해 가족 간의 분쟁을 줄일 수 있습니다.

투자 실패와 성공의 교훈

투자의 길에서 실패를 경험하는 것은 드문 일이 아닙니다. 그러나 같은 실패를 반복하지 않기 위해서는 경험을 통해 배운 교훈을 잊지 않고, 이를 토대로 자신의 투자 원칙을 강화해 나가야 합니다. 다음의 질문들을 통해, 자신의 투자 태도와 목표를 돌아보는 시간을 가져 보세요.

1. 당신에게 기억에 남는 투자 실패 경험이 있습니까?
2. 그 실패는 어떤 이유에서 발생했다고 생각하십니까?
3. 만약 그 실패를 되돌릴 수 있다면 어떤 선택을 하시겠습니까?
4. 미래의 투자를 위해 지켜야 할 가장 중요한 원칙은 무엇입니까?
5. 재무적으로 성공한 자신의 모습을 떠올려 보세요. 그리고 가까운 사람에게 그 목표를 이야기해 보세요.

성공적인 투자를 위한 나침반

투자는 단순히 자산을 증식하는 행위가 아니라, 목표를 정하고 그에 맞춰 일관되게 행동하는 과정입니다. 올바른 투자 원칙과 자기 인식을 바탕으로 장기적인 관점에서 접근할 때, 투자는 더욱 큰 가치를 발휘합니다. 자산 관리는 때로는 실수를 겪기도 하지만, 배움과 성장을 통해 조금씩 다듬어

가며 이어 나가는 여정입니다.

우리 모두가 실수를 반복하지 않고, 진정한 성공에 도달하는 길을 걸어가길 바랍니다.

왕자불가간, 내자유가추
: 투자와 인생에서의 지혜

> 왕자불가간, 내자유가추(往者不可諫, 來者猶可追)
> 이미 지나간 일은 어쩔 수 없지만, 앞으로 다가올
> 일은 잘할 수 있다.

초나라의 접여가 공자 앞에서 노래하며 던진 이 말은, 지나간 일에 연연하지 말고 다가올 기회를 잘 잡으라는 의미를 담고 있습니다. 이는 투자에서도 중요한 교훈을 제공합니다. 지나간 실패에 집착하기보다는, 다가올 기회를 준비하는 것이 현명한 투자자에게 필요한 자세입니다.

성공과 실패의 사이에서
배우는 투자 원칙

고객 상담을 하다 보면, 지나간 손실을 자책하는 분들을 종종 만납니다. "내가 사면 떨어지고, 팔면 오른다"라며 불운을 탓하지만, 그분들의 다른 자산을 보면 놀랍게도 성공적인 비즈니스 감각과 투자 경험을 지닌 분들이 많습니다. 특히 부동산에 있어서는 신중한 분석과 준비로 안정적인 성과를 얻지만, 금융상품이나 주식에서는 아는 사람이나 담당자 추천에 의존하는 경우가 많습니다.

부동산처럼 주식과 금융상품에서도 체계적인 접근이 필요합니다. 자산의 위험성을 사전에 이해하고 분산 투자하며 장기적 관점에서 접근할 때, 안정적인 성과를 얻을 수 있습니다.

투자 실패에서 얻는 교훈

파생상품을 포함한 금융상품에서 큰 손실을 본 고객 사례를 통해, 저는 상품의 위험성을 더 깊이 이해하게 되었습니다. 초기에는 투자 실패로 인해 리스크가 큰 상품을 피하고 싶었지만, 지나치게 회피하는 태도는 또 다른 기회를 놓치게 할 수 있습니다. 적절한 리스크 관리와 신중한 접근으로 성공적인 투자를 위한 교훈을 삼아야 합니다.

실패에서 얻은 주요 투자 원칙들

1. 리스크를 분석하고 준비하는 자세

부동산에 투자할 때는 지리적 입지, 향후 개발 계획, 인구 밀집도 등 다각적 검토를 하듯, 주식과 금융상품도 철저히 분석해야 합니다. 투자에서 성공하기 위해서는 다양한 정보와 전문가 의견을 통해 준비하고, 충분한 검토 과정을 거치는 것이 중요합니다.

2. 장기적 관점에서 접근하기

지나치게 단기 성과에 집착하지 말고, 부동산처럼 장기적인 관점에서 자산을 키워 나가야 합니다. 예를 들어, 좋은 금융자산의 평가손실은 일시적인 것일 수 있으며, 장기적 관점에서 충분히 회복할 가능성이 큽니다. 성공적인 투자자들은 종종 자신의 신념을 가지고 장기 보유를 통해 성과를 얻습니다.

3. 파생상품에 대한 신중한 접근

파생상품의 높은 수익률이 매력적일 수 있지만, 리스크를 명확히 이해해야 합니다. ELS, DLS 등의 상품은 큰 손실을 초래할 수 있기 때문에 기초 지수와 상품 구조를 정확히 이해하고 접근해야 합니다. 투자 시기와 상품의 기초 자산을 철저히 분석하고, 위험을 분산하여 안정성을 확보할 필요가 있습니다.

4. 시장 흐름에 흔들리지 않는 확고한 투자 원칙

종종 고객들은 큰돈을 벌기 위해 위험을 감수하길 원하지만, 무조건적인 기대 수익률에만 초점을 맞추는 것은 좋지 않습니다. 재무적 목표와 투자 원칙을 정립하고, 이를 지키는 것이 중요합니다. 이를 위해 투자 대상과 시기에 대한 냉철한 판단이 필요하며, 지인의 조언보다는 전문가의 조언을 통해 전략을 세워야 합니다.

5. 분산 투자로 리스크 줄이기

"계란을 한 바구니에 담지 마라"는 격언처럼 자산을 다양하게 분산하여 리스크를 줄이는 것이 현명한 투자 방법입니다. 주식, 채권, 부동산, 보험 등 자산군을 나누어 투자하여, 개별 자산의 변동성에 대비할 수 있습니다. 시장 흐름을 주기적으로 점검하고, 자산을 조정하는 것도 효과적입니다.

6. 철저한 절제와 인내심을 바탕으로 투자하기

성공적인 투자자들은 목표 수익률이 달성되면 과감히 이익을 실현하고 나옵니다. 이런 철저한 절제는 위기 상황에서도 흔들리지 않게 하며, 냉정한 투자 결정을 내리도록 돕습니다. 단기적인 유혹을 이겨 내고, 목표를 향해 한결같은 태도를 유지하는 것은 투자의 성공을 위해 필수적인 요소입니다.

변화에 대처하고
장기적 관점에서 바라보기

투자는 순간의 결정이 아닌, 장기적인 목표와 계획이 필요한 여정입니다. 성공적인 투자를 위해서는 끊임없이 학습하고, 변화하는 시장 상황에 맞춰 자신만의 투자 원칙을 확립하는 것이 중요합니다. 지나간 실패에 연연하지 않고 다가올 기회를 준비하며, 장기적인 관점에서 인내하며 나아갈 때 비로소 성공적인 투자의 결실을 맺을 수 있습니다.

지나간 실패를 통해
새로운 기회를 준비하는 자세

투자는 인생과 비슷하게도 다양한 변화를 겪습니다. 투자 실패를 통해 우리는 자신의 한계를 깨닫고, 새로운 투자 원칙을 세워야 합니다. 이를 통해 실패를 반복하지 않고 더 나은 투자 성과를 향해 나아갈 수 있습니다.

〈함께 생각해 볼 질문들〉

1. 당신이 투자하면서 저질렀던 최대의 실수는 무엇입니까?
2. 그 실수에서 얻은 가장 큰 교훈은 무엇인가요?
3. 그 교훈을 통해 얻은 나만의 투자 원칙은 무엇인가요?
4. 이 원칙이 지금의 투자에 실질적인 도움이 되고 있나요?
5. 추가적으로 정립하고 싶은 투자 원칙이나 교훈이 있다면 무엇인가요?

6장

유년의 공부에서 노년의 지혜까지
: 인생과 투자의 성공을 위한 조언

학습의 가치는
나이에 따라 달라진다

"유년에 시작한 공부는 아침 태양처럼 창창하고, 중년에 시작한 공부는 정오의 태양처럼 강렬하며, 노년에 시작한 공부는 촛불 같지만 그래도 앞을 비추는 데는 충분하다."

최근 시청한 드라마 〈스토브리그〉에서, 혁신을 꺼리는 구단 관계자들을 설득하는 신임 단장의 모습이 인상 깊었습니다. "책으로 배운 것일지라도 아무것도 배우지 않고 변화하지 않는 것보다는 낫다"는 그의 말은 우리의 공부와 일상, 그리고 투자에서도 통찰을 줍니다. 성공을 위해서는 나이에 상관없이 꾸준히 배우고 변화해야 합니다.

투자 공부와 준비
: 정보가 곧 무기

금융업에 종사하며 수많은 고객들과 PB(프라이빗 뱅커)를 만나오면서, 공부와 학습이 얼마나 중요한지 다시금 깨닫게 됩니다.

고객분들을 만나 뵈면 종종 주식 투자 결과가 좋지 않을 때마다 "나는 운이 따라 주지 않는다"거나 "내가 사면 항상 가격이 떨어진다"고 자책하시는 경우를 자주 접하게 됩니다. 그런데 주목할 점은, 이렇게 말씀하시는 고객 중 상당수가 부동산 투자나 본인의 사업에서는 탁월한 성과를 내신 경험이 있다는 사실입니다.

금융 전문가의 입장에서 살펴보면, 이는 결코 고객님의 운이나 개인적인 문제 때문이 아닙니다. 보다 근본적인 이유는 주식과 같은 금융상품에 투자할 때, 부동산이나 비즈니스같이 체계적이고 전략적인 접근을 충분히 하지 못한 데에 있습니다. 성공적인 투자는 '운'이 아니라 명확한 기준과 계획, 그리고 꾸준한 관리의 결과입니다. 금융상품 역시 사업과 같은 철저한 분석과 원칙에 따라 투자한다면, 충분히 좋은 성과를 기대하실 수 있습니다.

과거에는 정보의 비대칭으로 금융 종사자들이 더 많은 정보를 가지고 있었다면, 지금은 수많은 경제 유튜브, 증권사 리포트, 경제 자료가 공유되면서 정보가 대중화되었습니다. 특히 외국어에 능통한 젊은 투자자들은 해외 정보까지 빠르게 습득하여 전략에 활용하는 등 개인 투자자들의 수준이 매우 높아졌습니다. 따라서 PB나 투자 담당자들은 자신을 끊임없이 업그레이드해야 하는 상황에 놓여 있습니다.

일반 투자자를 위한
실질적인 공부 방법

일반 투자자들도 경제 주간지나 증권사에서 발행하는 월

간 리포트를 활용하면 효율적으로 트렌드를 익힐 수 있습니다. 지나친 뉴스는 심리적 불안을 유발할 수 있으니 매일매일의 정보에 휘둘리기보다, 장기적인 관점에서 중요한 흐름을 파악하는 것이 중요합니다.

금융이나 투자의 역사와 관련된 책을 읽어 보는 것도 추천드립니다. 투자 역사는 반복되기 마련이며, 경제 발전사에서 발견되는 유사점들은 향후 투자 결정을 내리는 데 큰 도움이 될 수 있습니다.

자녀들을 위한 경제 교육
: 가정 내 재정 교육의 중요성

요즘 많은 부모님들이 상속과 증여 외에도 자녀들에게 경제적 식견을 심어 주는 것에 많은 관심을 가지고 있습니다. 한 고객은 매년 연말 가족들과 전년도 투자 성과와 경제 상황에 대해 리뷰하고, PB를 초대하여 내년도 경제 전망과 재정 목표를 가족들과 공유하는 자리를 마련합니다. 처음에는 자랑 삼아 시작했지만, 점차 가족 간 재정 목표와 계획을 나누고 의견을 교환하는 의미 있는 자리가 되었습니다.

이와 같은 가족 경제 교육은 돈의 소중함을 배우고, 자산을 관리하는 지식을 쌓아 가는 중요한 기회가 됩니다. 가족이 함께 재정 상황을 이해하고 미래를 준비하는 것은 자녀들에게도 값진 경제 교육이 될 것입니다.

투자에 임하는 자세
: 나이에 맞는 투자 전략

노년에 접어든 투자자들 중 주식이나 고위험군에 투자하고 싶어 하는 분들이 있습니다. "원금 보장과 함께 은행 이자보다 두 배만 더 나오면 좋겠다"라고 하시지만, 위험성을 잘 이해하지 못한 채 욕심을 부리면 낭패를 볼 수 있습니다. 나이가 많아져 금융 공부가 어렵다면, 원금 보장이 확실한 상품이나 익숙한 자산군에 투자하는 것이 좋습니다.

은행이나 증권회사는 주주가 있고 영리를 추구하는 사기업임을 잊지 말아야 합니다. 고객의 자산을 안정적으로 증대시키는 것이 목표이지만, 이는 최우선 목적은 아닙니다.

투자 성과에 대한 책임은 결국 투자자 자신에게 있음을 기억하며, 금융 상품에 대한 이해와 학습이 중요합니다.

투자에서 유의할 점

1. 정보의 출처를 검토하기

투자 결정을 내릴 때, 주요한 정보가 어디서 오는지 점검해 보십시오. 해당 정보가 신뢰할 만한 출처에서 왔는지 확인하는 것이 중요합니다.

2. 투자 대상 공부하기

모르는 금융 상품이나 주식에 투자하기 전에 스스로 학습하십시오. 이를 통해 투자 결정을 내릴 때 자신감을 가지게 되고, 잘못된 선택을 피할 수 있습니다.

3. 자녀들에게 경제 교육 제공하기

경제 교육은 자녀들에게 중요한 자산이 됩니다. 가족이 함께 투자 성과와 목표를 점검하는 시간을 가지는 것도 좋습니다. 자녀들이 자산 관리의 중요성을 이해하고, 미래를 대비하는 능력을 키우는 데 큰 도움이 될 것입니다.

4. 장기적 관심 분야 설정하기

관심 있는 투자 분야를 정하고, 그 분야에 대해 꾸준히 공부하십시오. 일시적인 유행이나 단기 성과에 현혹되지 않고, 장기적인 관점에서 자산을 관리하는 것이 중요합니다.

꾸준한 공부와 지속적인 노력으로 성공을 향해

투자는 나이와 상관없이 누구에게나 중요한 자산 증식 방법입니다. 하지만 투자를 성공적으로 이끌기 위해서는 자신만의 원칙을 세우고, 꾸준히 학습하며, 정보를 신중하게 분석하는 자세가 필요합니다.

여러분의 자산을 책임감 있게 관리하며, 장기적인 목표를 가지고 나아가시길 바랍니다.

〈함께 생각해 볼 질문들〉

1. **정보 출처**: 당신은 투자를 할 때 주요 정보를 어디에서 얻습니까?
2. **정보의 효과**: 그 정보가 실제로 도움이 되나요, 아니면 투자에 혼란을 주나요?
3. **학습 여부**: 새로운 상품이나 주식에 대해 따로 공부를 하고 투자를 결정합니까?
4. **자녀의 경제 교육**: 자녀에게 경제 교육을 하거나 금융 지식을 가르친 적이 있나요?
5. **관심 분야**: 최근 관심 있는 투자 분야는 무엇이며, 그에 대해 얼마나 알고 있습니까?

7장

조급함을 버리고
인내를 배우다

모든 일에는 때가 있다

마사이족의 격언, "인생은 절대 서둘러서는 안 된다"는 말은 참으로 중요한 진리를 담고 있습니다. 성경 전도서에서도 "범사에 기한이 있고 천하만사가 다 때가 있나니"라는 말이 있습니다. 인생과 투자에서도 성급함을 경계하며, 기회를 기다릴 줄 아는 지혜가 필요합니다. 준비되지 않은 상태에서 다가오는 기회는 잡기 어렵습니다. 기다리는 동안 우리는 어떻게 준비해야 할까요?

투자의 핵심 원칙

성급함과 자금 압박으로 좋은 투자 기회를 놓치는 사례를 자주 봐 왔습니다. 이러한 실수를 피하기 위해 다음과 같은 몇 가지 원칙을 소개합니다.

1. 적립식 투자의 힘을 과소평가하지 말자

처음부터 큰 수익을 기대하며 투자하는 것은 실패 확률이 높습니다. 특히 사회 초년생이나 경험이 적은 투자자라면, 정기적으로 소액을 적립하여 투자를 이어 가는 적립식 투자 방식을 추천합니다. 예를 들어, 1년 후 부모님께 드릴 100만 원짜리 시계를 위해 매달 10만 원씩 적립할 수 있다면, 굳이 위험 자산에 투자할 필요 없이 원금이 보장되는 상품을 이용해도 목표를 달성할 수 있습니다.

만약 매달 5만 원밖에 적립하지 못하고도 목표를 이루려면, 1년 안에 100%에 가까운 투자 수익률이 필요한데 이는 큰 위험을 감수해야 하는 어려운 도전입니다. 이 경우, 투자 기간을 늘리거나 목표 금액을 낮추는 등의 현실적인 조정이 필요합니다. 본인의 목표와 현실적 재정 상태를 바탕으로 적절한 투자 방식을 선택하는 것이 중요합니다.

2. 반드시 여유 자금으로 투자하자

대출을 통해 투자 자금을 마련하는 것은 수익을 앞당기는 데 유리해 보일 수 있지만, 손실이 발생하면 빚을 갚아야 하는 부담까지 안게 됩니다. 대출을 통한 투자는 이자 부담과 심리적 압박으로 인해 조급함을 유발하여, 수익을 조기 실현하거나 손실을 확정 지어 큰 기회를 놓치게 만들 수 있습니다. 그렇기 때문에 투자 자금은 반드시 생활에 지장이 없을 정도의 여유 자금이어야 합니다.

3. 주변 의견에 흔들리지 말고, 스스로 결정하자

주변 사람들이 자신의 주식 수익을 자랑하며 '이제 팔 때다'라는 식으로 조언을 하기도 합니다. 그러나 투자 결정에 있어 중요한 것은 다른 사람의 말이 아닌, 나의 기준과 목표입니다. 이럴 때는 스스로에게 이렇게 질문해 보십시오. "지금이 자산을 보유하지 않은 상태라면, 동일한 이 자산에 금액을 투자하겠는가?" 이 질문에 '그렇다'는 대답이 나오면 보유하는 것이 맞고, '아니다'라면 팔아야 할 때일 가능성이 큽니다.

이 간단한 질문을 통해 감정에 치우치지 않고 냉정한 투자 결정을 내리는 데 도움이 될 것입니다.

투자에서 인내와 준비의 중요성

인생은 다양한 시련과 기쁨의 순간으로 가득 차 있습니다. 투자도 마찬가지로, 실패와 성공을 반복하며 배우고 성장해 갑니다. 우리의 목표와 원칙이 명확하다면 이러한 경험이 자산 관리의 좋은 나침반이 될 것입니다. 인생의 여정을 서두르지 않고 묵묵히 걸어가듯, 투자에서도 끈기와 신중함이 필요합니다.

〈함께 생각해 볼 질문들〉

1. 투자 자금은 여유 자금으로 운용되고 있습니까?

2. 명확한 재무 목표를 가지고 투자하고 있습니까?
3. 당신이 생각하는 장기 투자는 어떤 의미와 목적을 가지고 있습니까?

8장

건강한 몸과 마음이 성공적인 투자를 만든다

건강한 삶과 지혜로운 선택

"우유를 마시는 사람보다 우유를 배달하는 사람이 더 건강하다."

– 영국 속담

이 말처럼 우리 일상에서 건강과 균형은 어느새 우리 삶의 중요한 원동력이 되었습니다. 빠르게 변하는 세상 속에서, 우리가 누리는 문명의 발전이 정말 우리에게 모두 다 좋은 것일까요? 과거엔 상상에만 머물렀던 자율주행차나 초고속 인터넷, 스마트폰 같은 기술이 현실이 되며 삶이 놀랍도록 편리해졌습니다. 하지만 이런 발전 속에 놓치는 부분이 있지 않을까 생각해 볼 필요가 있습니다.

편리함이 가져온
건강과 소통의 문제

최근 우리가 겉으로는 건강하고 풍요로운 삶을 사는 것 같아도, 마음과 몸속에 쌓인 불안감과 피로가 증가하고 있습니다. 금융 업계도 이러한 변화와 맞물려 빠르게 변해 왔죠. 예전에는 객장에서 직접 시세를 확인하고 투자 상담을 받았지만, 이제는 모바일 하나로 언제 어디서나 모든 거래가 가능해졌습니다. 이러한 변화는 고객들의 건강과 삶의 방식에도 영향을 미쳤습니다.

이전에는 고객들 중 담배와 술을 즐기며 사업에만 집중하는 분들이 많았지만, 지금은 건강과 여가를 중요시하고, 가족과의 관계도 더욱 돈독히 하며 삶의 질을 높이고자 하는 분들이 늘어나고 있습니다. 투자를 중요한 부분으로 여기되 인생 전체로 보며 균형 잡힌 삶을 추구하는 분들입니다.

정기적 건강 루틴의 중요성

80세가 넘어서도 신체와 정신이 모두 건강한 기업 대표님의 이야기는 많은 점에서 시사하는 바가 큽니다. 이분은 하루의 시작을 생수를 한 병 마시는 것으로 열고, 자주 걸어 다니며 작은 일이라도 직접 처리하는 것을 즐깁니다. 본인만의 작은 습관들이 건강 유지에 큰 도움이 된다는 사실을 깨달았기 때문이죠.

또 다른 예로, 오랜 시간 금융업에 몸담아 온 CEO는 아침 5시에 일어나 맨손체조와 명상을 통해 마음을 다스리고 건강을 챙깁니다. 하루 일과 전 간단한 식사를 챙겨 먹고, 규칙적인 운동과 더불어 가능할 때마다 대중교통을 이용한다고 합니다. 그의 건강과 삶의 행복은 이렇게 작은 실천들에서부터 비롯된 것입니다.

습관과 일상에서 찾는 건강

이분들이 실천하고 있는 건강 비결은 대단하거나 특별한

것이 아닙니다. 그저 일상에서 작은 즐거움을 찾고, 몸을 움직이며 건강을 유지하는 데 신경 쓰는 것일 뿐입니다. 특히 그들은 금연과 절제된 음주를 통해 건강한 생활 방식을 택하고 있습니다. 한 CEO는 담배를 피웠던 과거를 후회하며 금연한 것을 인생 최고의 결정으로 여깁니다. 그의 경험은 건강한 삶을 유지하기 위해 무엇을 택해야 하는지에 대해 깊은 통찰을 제공합니다.

가족과 함께하는 행복한 삶

이들이 공통적으로 강조하는 또 다른 부분은 원만한 인간관계입니다. 정신적 건강과 만족감을 유지하는 데에는 가족과 친구들, 주변 사람들과의 유대가 중요한 역할을 합니다. 한 CEO는 과거에는 성격이 매우 날카롭고 까다로웠지만, 이제는 사람들과 많은 시간을 나누고, 소통하며 마음의 평화를 찾았다고 고백합니다.

작지만 큰 변화가 되는 습관들

이들의 생활 습관은 모두에게 적용할 수 있는 단순한 원칙에서 시작됩니다. 규칙적인 운동, 편식하지 않는 식습관, 담배를 멀리하고, 사람들과 따뜻하게 소통하기. 이런 작은 실천이야말로 진정한 건강과 행복의 비결입니다. 결국, 물질적인 성공도 이와 같은 정신적·신체적 건강이 뒷받침될 때 그 진정한 가치를 빛낼 수 있는 것입니다.

〈함께 생각해 볼 질문들〉

1. 정기적으로 하는 운동이 있습니까?
건강을 위해 어떤 활동을 하고 계신지 확인해 보세요.

2. 건강을 위해 유지해야 할 습관은 무엇인가요?
혹시 꾸준히 지켜 온 좋은 습관이 있는지 돌아보십시오.

3. 건강을 위해 버려야 할 습관은 무엇인가요?
혹시 건강을 해치는 생활 습관은 없는지 점검해 보세요.

4. 사회적 유대관계를 위해 참여하는 정기 모임이 있습니까?

사람들과의 관계를 통해 얻는 즐거움과 안정감 역시 건강에 중요한 요소입니다.

9장

부자의 기준과
삶의 진정한 가치

"사람이 가난하고 부자가 나쁘다고 생각하면 결코 부자가 될 수 없습니다."

이 말은 단순히 물질적 부를 쌓는 것뿐만 아니라, 삶을 어떻게 바라보는가에 대한 질문을 던지게 합니다. 부에 대한 긍정적인 시각을 가지고, 부자를 부러워하기보다는 그들의 삶의 방식에서 배울 수 있는 점을 찾아야 합니다. 부는 우리가 삶을 더 넉넉하게 만드는 하나의 도구일 뿐, 목적 그 자체는 아닙니다. 따라서 부에 대한 관점은 삶의 방향을 결정짓는 중요한 기준이 됩니다.

저는 학창 시절, 뜻깊은 가르침을 주신 선생님 한 분을 잊을 수 없습니다. 그분은 저에게 "사람이 가장 추해 보일 때는 돈을 셀 때"라고 말씀하셨습니다. 당시에는 그 말이 무겁게 느껴졌지만, 시간이 지나며 그 말씀이 담고 있던 깊은 의미를 이해하게 되었습니다. 선생님께서는 항상 진정한 삶의 가치를 돈이 아닌 의미 있는 일에서 찾으라고 하셨습니다. 결국 삶에서 중요한 것은 물질적 부가 아닌, 스스로 선택한 일에서 얻는 만족과 의미라는 것을 알려 주신 것입니다.

우리 사회에서는 오랫동안 부에 대해 부정적인 인식이 남아 있었습니다. 상업과 돈을 천박하게 여기는 전통적 사고방식은, 사람들이 자본주의 사회 안에서 부와 가난을 나누는 데 왜 선과 악을 대입하려 하는지 설명해 줍니다. 그러나 돈 자체는 악도, 선도 아닙니다. 돈은 그저 삶을 더 풍요롭게 만드는 도구일 뿐입니다.

부자와 가난을 판단하는 기준

삶에서 부자와 가난한 사람을 판단하는 기준이란 무엇일까요? 우리가 살아가며 마주치는 다양한 삶의 모습에서 그

대답을 찾아봅니다.

먼저, 오랜 세월 동안 고생하며 부를 일군 한 고객의 예가 있습니다. 그는 자신의 성공을 사회에 나누고자 많은 기부를 하고, 여러 공익활동에 참여했습니다. 그의 행동만을 보면 많은 사람들에게 존경받을 만하지만, 그는 또 다른 모습도 가지고 있었습니다. 직원들에게 경쟁을 강요하고, 본인 소유의 엘리베이터를 사람들에게 마음대로 사용하게 하지 않으며, 자신의 소유물에 대한 과도한 집착을 보였기 때문입니다. 그의 행동을 통해 우리는 부가 사람을 변화시킬 수도 있지만, 사람의 본성은 쉽게 변하지 않는다는 점을 깨닫게 됩니다.

반면, 다른 부자는 삶의 모든 것을 자선 활동에 쓰고 있었습니다. 그는 매년 자신의 재산을 필요한 곳에 기부하며, 정작 자신은 이를 자랑하지도 않고 조용히 살아갑니다. 자산 관리에 있어서도 매우 겸손하며, 항상 다른 사람들에게 감사를 표하고 스스로를 낮춥니다. 이 고객의 이야기는 부를 가지는 것이 자신만의 이익을 추구하기보다, 다른 사람들을 도울 수 있는 수단으로써의 가치도 충분히 있을 수 있다는 점을 보여줍니다.

마지막으로, 부를 잃고 극단적인 행동을 보인 고객의 이야기는 부가 인생의 전부가 되어 버린 경우, 그 손실이 얼마나 큰 절망으로 다가오는지를 잘 보여 줍니다. 그 고객은 투자 실패로 삶의 모든 의미를 잃은 것처럼 깊은 무기력과 좌절에 빠졌지만, 시간이 흐르면서 돈이 삶의 유일한 목적이 아님을 점차 깨달았습니다. 현재 그는 잃어버렸던 삶의 의미를 되찾고, 다시 부와 인생의 균형을 회복하기 위한 노력을 기울이고 있습니다.

부와 삶의 의미

 이 글을 통해 저는 부와 가난에 대한 다양한 사례와 그 이면을 나누었습니다. 부는 우리 삶을 조금 더 편하게 해 주고, 다양한 기회를 제공하는 중요한 도구입니다. 그러나 돈이 전부가 되어 버린다면, 그것은 도구로서의 역할을 넘어, 우리를 구속하고 집착하게 만드는 굴레가 될 수 있습니다.
 삶의 진정한 가치는 단지 부의 축적에 있는 것이 아닙니다. 우리는 자본주의 사회 안에서 돈이라는 수단을 통해 살아깝니다. 돈은 그 자체로 좋은 것도, 나쁜 것도 아닌, 그저 삶을 더 나은 방향으로 이끄는 도구에 불과합니다. 그렇기에 부자는 특별히 더 선하거나 악해야 할 필요가 없으며, 가난하다고 해서 특별히 그들이 착하거나 불쌍하다고 말할 수 없습니다.

여러분은 지금 어떤 가치를 추구하며 살고 있습니까? 부자가 되는 것이 목표라면, 그 부를 통해 어떤 의미를 찾고자 하는지 스스로에게 물어보세요. 돈은 우리가 더 나은 삶을 살아가게 하는 하나의 수단일 뿐입니다. 진정한 부는 그 이상의 것이며, 그것은 마음의 평온과 자기 자신에 대한 자부심에서 오는 것입니다.

부자의 기준과 삶의 진정한 가치

부자란 단순히 많은 돈을 가진 사람을 뜻하는 것이 아닙니다. 제가 생각하는 **부자의 기준**은 자신이 가진 자산의 크기보다 그것을 어떻게 관리하고, 나아가 삶의 질을 어떻게 풍요롭게 만드느냐에 달려 있습니다. 부자는 경제적 여유를 통해 보다 의미 있는 삶을 추구할 수 있는 사람이며, 그 부를 자신과 가족의 행복뿐 아니라 사회를 위해 사용할 줄 아는 사람입니다. 이런 부자야말로 돈의 가치와 역할을 올바르게 이해한 사람이라고 생각합니다.

부자가 **선한 사람이어야만 할까요?** 물론, 부와 선함이 같은 길을 가는 것은 모두가 바라는 바입니다. 그러나 실제로 부와 선함은 항상 함께하지 않을 수 있습니다. 부자가 반드시 선해야만 한다는 법은 없습니다. 다만, 많은 부를 가진 이들이 자신의 영향력과 자원을 통해 긍정적인 변화를 일으킨다면, 그것은 더 큰 사회적 가치를 만들어 내는 기회가 될 수 있습니다. 제가 만난 한 고객은 막대한 재산을 사회에 기부하며, 자신이 가진 부가 선한 영향력을 미치길 원했습니다. 그가 선택한 방식이야말로 우리가 바라는 부자의 모습이 아닐까요?

선행이란 무엇일까요? 저는 선행을 다른 사람의 필요를 진정으로 이해하고, 그들에게 실질적인 도움을 제공하는 행동이라고 정의하고 싶습니다. 단순히 많은 금액을 기부하는 것이 아니라, 상대방이 필요로 하는 순간과 방식에 맞춰 이루어지는 것이 진정한 선행입니다. 어떤 사람에게는 큰 액

수의 돈이, 또 어떤 사람에게는 그저 따뜻한 말 한마디가 선행일 수 있습니다. 선행은 그 사람의 삶에 긍정적 변화를 가져올 때 그 의미가 진정으로 드러나는 것 같습니다.

마지막으로, **삶에서 제가 추구하는 목표와 목적**은 진정으로 나를 포함한 주변의 삶을 더 풍요롭게 만드는 것입니다. 돈은 그런 삶을 더 넉넉하게 만드는 수단이 될 수 있습니다. 그러나 그 이상도 이하도 아닌 도구일 뿐입니다. 돈이 우리의 목표가 되기보다는, 우리의 목표를 이루는 하나의 자원으로 작용할 때, 비로소 돈은 가치를 가집니다. 저는 경제적 안정을 통해 더 많은 사람들과 함께 행복한 삶을 만들어 가고 싶습니다. 그 과정에서 돈은 저에게 자유를 주는 도구가 될 뿐, 결코 인생의 목적이 될 수는 없습니다.

결국, **부자란 단순히 물질적 자산이 많아야 하는 것이 아니라, 그 자산을 통해 자신과 타인의 삶에 긍정적인 영향을 미칠 수 있는 사람**이라고 생각합니다. 그런 의미에서 여러분은 어떤 부자가 되고 싶으신가요?

10장
직업에서 행복을 찾는 법

앨버트 허바드는 "직업에서 행복을 찾아라. 아니면 행복이 무엇인지 절대 모를 것이다"라는 명언을 남겼습니다. 이 말은 단지 일에서 성과를 찾는 것만이 아닌, 우리가 일하는 과정에서 진정한 의미와 만족을 발견할 때 인생의 큰 행복을 경험할 수 있다는 뜻일 겁니다. 직업을 통해 나를 발견하고 성장해 가는 그 과정이야말로 우리의 인생을 더욱 풍요롭게 해 주는 원동력이 될 것입니다.

저는 직업 특성상 다양한 사람들과 만날 기회가 많습니다. 각자의 자리에서 최선을 다하며, 그 경험을 통해 성취와 고난을 겪는 사람들을 만나면, 그들의 진솔한 이야기를 통해 깊은 감명을 받곤 합니다. 특히, 사회적으로 성공을 이룬 분들을 보면 그들의 공통된 특성이 하나 있습니다. 성공을 차곡차곡 쌓아 올린 사람일수록 겸손하고 배려심이 깊다는 점입니다. 이들은 아무리 높은 자리에 있더라도 늘 배우려는 자세로 임하며, 상대방의 의견을 존중하고 귀를 기울입니다. 그들의 겸손함과 열린 마음은 직업에서 성취감을 찾는 데 큰 요소가 되었다고 느껴집니다.

직업에서 행복을 찾는 체크포인트 5가지

1. 당신은 지금 하는 일에 만족하십니까?

스스로에게 먼저 이 질문을 던져 보세요. 내가 하는 일에 만족하고 있는가? 만약 만족하고 있다면, 그 만족의 원천은 무엇인가요? 혹은 반대로 불만족을 느끼고 있다면, 그 원인은 무엇일까요? 대부분의 사람들은 직업에서 오랜 시간을 보냅니다. 그 시간을 의미 있게 만들기 위해서는 직업에서의 만족이 필요합니다. 여러분의 일에서 얻고자 하는 것이 무엇인지 생각해 보고, 불만족의 원인을 찾아 해결해 보는 것이 중요한 첫걸음이 될 것입니다.

2. 직업 만족을 위한 실천과 계획

만족스럽다면, 그 만족스러운 요소는 무엇이며, 이를 유지하기 위해 지금까지 어떤 노력을 했나요? 그리고 앞으로도 그 만족을 지속하기 위해 해야 할 일은 무엇일까요? 제가 만난 어떤 고객은 한때 지방의 작은 회사에서 영업을 시작했지만, 지금은 대기업의 대표가 되어 다양한 사회적 활동을 하고 있습니다. 그는 자기 일에 대한 열정과 겸손한 태도로 꾸준히 노력해 왔고, 자신을 필요로 하는 곳이라면 거리와 관계없이 도움을 주는 일에 열정을 쏟았습니다. 그의 이런 태도가 사회적 성공의 발판이 되었고, 지금도 그를 필요로 하는 이들에게 신뢰를 주는 기반이 되었습니다. 그는 이 열정을 계속해서 실천하고 유지하는 데 힘쓰며 살아가고 있습니다.

3. 불만족의 원인과 해결 방법

불만족한 부분이 있다면, 그 원인을 깊이 파악하는 것이 중요합니다. 단순히 직장 내 인간관계 문제인지, 아니면 본인의 성장 기회가 부족해서인지 원인을 찾는 것이 필요합니다. 이를 해결하기 위해서는 본인이 직접 개선 방안을 마련해 볼 수 있습니다. 많은 사람들이 직업에서 불만족을 느끼며, 그저 불평, 불만을 늘어놓습니다. 그러나 불만족에 그치지 않고 이를 변화의 계기로 삼아야 합니다. 문제를 해결하기 위해 나만의 작은 실천부터 시작한다면, 그 과정 속에서 성취감을 찾고 직업에서의 만족을 조금씩 높여 갈 수 있을 것입니다.

4. 당신의 직업적 목표와 10년 후의 모습

여러분이 지금 하는 일에서 이루고 싶은 목표는 무엇인가요? 10년 후, 당신은 어떤 모습으로 일을 하고 있을까요? 스스로에게 이 질문을 던지며 그 답을 찾아보세요. 만약, 지금 하는 일이 만족스럽다면, 그 성취감이 유지될 수 있도록 앞으로도 꾸준히 자기 계발을 해 나가는 것이 중요합니다. 또, 10년 후의 목표를 구체화해 보세요. 예를 들어, 현재 작은 회사에서 일을 시작한 신입사원이 10년 후에는 기업의 리더가 되고 싶다고 생각한다면, 지금부터 회사 내에서 맡은 역할을 충실히 해내며 필요한 역량을 쌓아 가는 것이 중요할 것입니다. 이러한 목표를 설정하고 구체적으로 실천해 나갈 때, 일에 대한 동기와 직업적 만족을 더욱 크게 느낄 수 있습니다.

5. 목표 달성을 위한 지금 당장의 실천

목표를 설정했다면, 그 목표를 달성하기 위해 지금 당장 무엇을 해야 할까요? 현재의 위치에서 작지만 의미 있는 첫 걸음을 내딛는 것이 중요합니다. 예를 들어, 본인의 직무에 필요한 지식을 더 배우기 위해 자격증을 따거나, 관련된 네트워킹에 참여하는 것도 하나의 방법입니다. 매일 작은 실천을 반복하는 것이 곧 더 큰 성공의 밑거름이 됩니다. 직장에서 전문가로 인정받으려면 먼저 나 자신이 그 역할을 인정하고, 그에 걸맞은 역량을 꾸준히 쌓아 가야 합니다.

직업에서 행복을 찾는 법

결국, 직업에서 행복을 찾기 위해서는 나의 일에 진정으로 몰입하고, 스스로에게 자랑스러운 사람이 되겠다는 마음가짐이 필요합니다. 직업에서의 만족은 일시적인 성공이나 외부의 인정으로만 찾아오는 것이 아닙니다. 오히려 꾸준히 나의 직무에 충실하고, 성실하게 하루하루를 쌓아 가는 과정에서 오는 깊은 성취감과 자부심이 진정한 직업의 행복을 만들어 줍니다.

여러분이 지금 하는 일에서 만족과 성취를 느낄 수 있기를 바라며, 그러한 작은 실천이 쌓여 진정한 행복으로 이어질 수 있기를 바랍니다.

11장

정보에 휘둘리지 않는
투자자의 기준

"당신이 얼마나 외롭든, 또는 얼마나 많은 아기 탄생 카드를 받든 초조해하지 않는 것이 중요하다. 혼자라고 해서 문제될 것은 전혀 없다."

투자에 있어서 중요한 것은, 어떤 외부 소음에도 흔들리지 않는 자신의 기준과 원칙을 확립하는 것입니다. 웬디 와써스타인의 말처럼, 투자에서도 자신만의 기준을 잃지 않고 흔들리지 않는 것이 중요합니다. 아무리 외로움을 느끼거나 남들이 떠드는 이야기에 초조함을 느껴도, 자신의 판단을 믿고 신중하게 나아가는 것이 필요합니다.

투자를 하다 보면 세상의 다양한 이야기가 우리의 마음을 흔듭니다. 주변 사람들이 추천하는 주식, 매스미디어에서 쏟아 내는 뉴스, 그리고 다양한 경제 전문가들의 예측은 투자의 성공을 보장해 줄 것처럼 보이기도 합니다. 하지만 이러한 정보들이 정말로 투자 가치가 있는 것인지에 대해 스스로의 기준으로 검증하는 것은 여러분에게 달려 있습니다.

정보에 민감한 반응이 가져다주는 기회

간혹 평범한 뉴스 속에서 큰 기회를 발견하게 되는 경우도 있습니다. 예를 들어, 빌보드 차트를 오르며 해외에서 인기를 끌고 있는 그룹이 등장하거나, 사람들의 입맛을 사로잡은 신제품이 나왔다고 가정해 봅시다. 그 뉴스가 귀에 쏙 들어와 이 회사의 주식을 사기로 결정할 수 있습니다. 비록 사소한 뉴스처럼 보일지라도, 그 내용을 분석하고 시장 흐름을 잘 읽었다면 큰 수익을 올릴 수 있는 기회를 잡게 되는 것입니다. 이것이 바로 정보에 대한 민감함과 분석력의 힘입니다.

지나친 관심이
오히려 독이 될 때

반대로, 사람들의 지나친 관심과 유행에 휩쓸리다 보면 실패할 확률도 높아집니다. 몇 년 전 '싸이'라는 한국 가수가 세계적으로 성공하면서 그의 인기가 극에 달했습니다. 그에 따라 관련 기업들이 급등하기 시작했는데, 이는 과도한 기대감이 반영된 투자였습니다. 기대감이 높아지면 주가는 상승하지만, 이러한 기대가 실질적인 성과로 이어지지 못하면 주가는 금세 하락할 수밖에 없습니다. 따라서, 남들이 모두 몰려드는 유행에 섣불리 편승하기보다는, 자신만의 기준으로 정보를 냉철하게 검증하고 판단하는 것이 중요합니다.

소수 게임에서 이기는 법
: 영화 〈더 빅 쇼트〉에서 얻는 포인트 4가지

주식 시장은 소수 게임이라 불립니다. 군중심리에 휩쓸리지 않고 독립적으로 판단할 수 있는 소수의 사람들만이 승리할 수 있기 때문입니다. 영화〈더 빅 쇼트(The Big Short)〉는 이런 투자 원칙의 중요성을 극명하게 보여 주는 영화입니다. 이 영화는 2007년 서브프라임 모기지 사태를 다루고 있으며, 군중심리와 과도한 기대감 속에서 이를 역으로 이용해 성공한 투자자들의 이야기를 다루고 있습니다. 주택시장의 거품을 예측하고 이를 이용해 엄청난 수익을 올린 이들의 이야기는, 투자에 있어서 정보의 검증과 독립적인 판단이 얼마나 중요한지 깨닫게 해 줍니다.

1. 투자 정보는 어디서 얻는가?

투자 정보를 어디서 얻느냐가 매우 중요합니다. 신뢰할 수 있는 경제 뉴스, 전문가의 분석 보고서, 그리고 신뢰할 만한 투자자들의 경험 등을 통해 정보를 수집하는 것이 좋습니다. 쉽게 접근할 수 있는 유튜브나 SNS도 정보 수집의 원천이 될 수 있지만, 무분별한 정보가 혼재하는 만큼 신중하게 선택하고 걸러내야 합니다.

2. 투자 정보는 어떻게 검증할 것인가?

투자 정보를 검증하는 것은 더 중요한 문제입니다. 특정 기업의 소식이든 경제 트렌드든, 하나의 정보에 너무 의존하지 않고 여러 출처를 통해 교차 검증하는 습관을 들이는 것이 좋습니다. 경제 지표, 기업의 재무 상태, 경쟁사의 동향 등을 종합적으로 분석하면서 그 정보의 신뢰도를 판단해 보세요. 검증된 정보에 기반한 투자는 더 안정적이며, 감정적 판단을 줄이는 데 도움이 됩니다.

3. 투자 성과를 주기적으로 확인하는 법

투자 후 주기적으로 성과를 확인하는 것도 필수입니다. 투자한 자산이 계획대로 성장하고 있는지, 아니면 문제가 발생하고 있는지를 주기적으로 점검해야 합니다. 이를 위해 분기별 또는 반기별로 자신의 투자 포트폴리오를 점검하고, 그동안의 성과와 수익률을 평가해 보는 것이 좋습니다.

4. 손절 및 수익 실현의 원칙

투자에서 손익 실현의 기준을 세우는 것도 중요합니다.

목표 수익률에 도달했을 때 수익을 실현할 것인지, 아니면 장기적으로 보유할 것인지에 대한 원칙을 정해 두는 것이 좋습니다. 손실이 일정 수준을 넘어가면 손절할 원칙을 세우는 것도 필수입니다. 특히 군중심리에 휩쓸려 막연한 기대만으로 주식을 보유하는 것은 위험할 수 있으니, 자신의 기준에 따라 손익을 조정하는 습관을 길러야 합니다.

결론
: 투자에서도 고독을 견디고 기준을 지키기

투자의 세계는 때로는 외로울 수 있습니다. 주변의 반응에 너무 휘둘리지 않고, 자신의 기준에 따라 정보를 검증하며 판단하는 자세가 필요합니다. 누구나 수익을 원하는 것은 같지만, 감정에 휩쓸리지 않고 독립적으로 결정을 내리는 사람만이 진정한 성과를 얻을 수 있습니다. 자신만의 투자 원칙을 세우고, 그 원칙을 꾸준히 지켜 가면서 세상의 다양한 정보 속에서도 진짜 가치 있는 정보를 구별할 수 있는 투자를 이어 나가길 바랍니다.

12장

평정심을 유지하는 투자자의 태도

투자에서 성공을 이루고도 초연한 태도를 지키는 것은 쉽지 않습니다. 그러나 백결 선생이 말했듯이, 잃은 것에 태연하고 얻은 것에 무심한 자세는 투자자에게 꼭 필요한 마음가짐입니다. 2020년에서 2024년까지의 시기는 코로나19 팬데믹과 함께 극단적인 경제적 변동을 경험한 시기로, 그야말로 경제적 난세였습니다. 이 시기 동안 일부는 큰 수익을 거두었고, 일부는 막대한 손실을 입었지요. 불안정한 경제 속에서 어떻게 마음을 다스리며 지속적인 투자를 이어 갈 수 있을까요?

이 글에서는 투자에서의 냉철함과 흔들리지 않는 마음가짐이 어떤 의미인지, 그리고 어떤 상황에서도 우리 삶을 지커 주는 원칙과 태도가 무엇인지에 대해 이야기해 보고자 합니다. 여러분께서 실제 투자 상황에서 겪으신 감정, 심리적 변화와 함께 극복을 위한 구체적인 원칙들을 통해 투자에 임하는 올바른 자세에 대해 함께 고민해 보겠습니다.

경제적 변동과 투자 심리

2020년 팬데믹 초기, 시장은 전례 없는 변동성을 보였습니다. 예를 들어, 손 세정제나 마스크를 생산하는 회사들은 천정부지로 수익이 올랐고, 코로나 진단키트를 생산하는 기업들 역시 주가가 급등했습니다. 이는 많은 투자자에게 새로운 기회를 제공했지만, 이러한 기회를 놓친 투자자에게는 아쉬움이 남았습니다. 한편, 팬데믹 시기 동안 큰 손실을 본 투자자들도 있었습니다. 상장 기업의 2세 경영자인 한 고객은 총자산 300억 원 중 약 90%에 해당하는 금액을 잃고, 남은 자산은 약 35억 원에 불과했습니다. 극심한 손실로 인해 그는 투자에 대한 자신감을 잃었지만, 결국 안정적인 자산으로 재편성하면서 점차 심리적 안정을 되찾았습니다.

이처럼 경제 상황은 누구도 예측하기 어렵습니다. 중요한 것은 변동성 속에서도 스스로의 기준을 지키며 투자를 지속할 수 있는 심리적 안정과 차분한 판단력입니다. 여러분도 혹시 투자를 시작한 후 심리적 압박을 느낀 적이 있지 않으셨나요? 때로는 가장 확실해 보이는 시점에 기대와는 반대되는 결과가 발생하곤 합니다. 그럴 때일수록 냉철한 판단을 유지하는 것이 중요합니다.

실패와 성공의 기로에서
: 극단적인 사례들

팬데믹 초기, 주식 시장이 하락세로 치닫던 어느 날, 한 고객이 새벽 3시에 전화를 걸어와 모든 주식을 즉시 팔아 달라고 요구했습니다. 변동성이 큰 시기에 투자자들은 쉽게 불안감을 느끼지만, 그때마다 결정을 내리는 것은 무척 어려운 일입니다. 이 고객의 결정을 존중했지만, 그 후 주가는 급상승했습니다. 반면, 코로나 관련 기술을 보유한 미국 제약회사에 투자한 다른 고객은 주가가 3달러에서 300달러까지 치솟아 손실을 만회하고, 큰 수익까지 거두었습니다. 이런 경우를 보면서 우리는 알 수 있습니다. 투자에서 감정적으로 반응하는 것은 때로는 심각한 손실을 불러오며, 예상치 못한 상황에서 자산을 잃는 것보다 더 큰 후회를 남길 수 있다는 점입니다.

이 두 사례를 통해 우리는 투자에서 자산의 증감이 큰 의미를 가지지만, 그보다 더 중요한 것은 자신의 선택에 대한 냉정한 평가와 그 선택에 대한 책임감이라는 점을 배울 수 있습니다.

평정심과
냉철한 판단력의 중요성

주식이나 부동산, 코인 등 다양한 자산들이 팬데믹을 겪으며 급등했고, 많은 사람들이 '벼락부자'가 되었습니다. 그러나 이 시기가 끝나면서, 인생이 평온함으로 되돌아가는 것처럼 시장 역시 점차 제자리로 돌아갔습니다. 이러한 과정에서 큰 수익을 거두었던 자산들이 서서히 하락하면서 투자자들은 다시금 초연한 태도를 요구받게 되었습니다. 고객들 가운데 한 분은 늘 말씀하셨습니다. "올랐기 때문에 떨어지는 것이고, 떨어졌기 때문에 다시 오를 수 있다." 이런 말은 단순한 격언이 아닙니다. 이를 통해 평정심을 유지하는 것이야말로 변동성이 큰 시장에서 가장 중요한 자세임을 배우게 됩니다.

얻은 것에 무심하고
잃은 것에 태연하라

우리가 투자하는 이유는 단순히 수익을 위해서가 아니라, 삶의 안정과 풍요를 위해서입니다. 하지만 이를 위해서는 수익이 날 때와 손실이 있을 때에도 스스로의 마음을 다스릴 줄 알아야 합니다. 고스톱이나 포커를 잘 치는 사람들을 보면 알 수 있듯, 이길 때는 크게 이기고, 질 때는 적게 지는 것이 중요합니다. 이는 투자에서도 마찬가지입니다. 열 번의 게임을 모두 이길 수 없더라도, 질 때는 최소한의 손실로 마무리하고 이길 때는 최대한의 수익을 내는 것이 중요합니다.

여러분도 투자 성과에 따라 크게 기뻐하거나 실망하지 않도록 마음가짐을 다지면 어떨까요? 수익이 나면 자랑하거나 들뜬 마음을 갖기보다, '잠시 운이 좋았을 뿐'이라 생각해 보세요. 반대로 손실이 나더라도 자책하거나 불안해하기보다는, 스스로를 믿고 냉정하게 다음 기회를 노리면 됩니다. 큰 부를 이룬 투자자들 역시 한때는 실패와 좌절을 겪었고, 결국 이를 극복해 더욱 단단해졌음을 기억해야 합니다.

〈함께 생각해 볼 질문들〉

1. 수익이 났을 때 주변 사람에게 자랑을 하나요?

큰 수익을 자랑하고 싶은 마음은 누구에게나 있습니다. 하지만 이는 자만으로 이어지기 쉽고, 다음 투자에서 냉철함을 잃을 수 있습니다.

2. 투자 손실이 나면 생활 태도에 변화가 생기나요?

손실이 나면 평소와 다르게 불안해지거나 위축될 수 있습니다. 그러나 이런 감정의 변화는 더 큰 실수를 불러올 수 있음을 기억해야 합니다.

3. **좋은 결과나 나쁜 결과가 있을 때 삶에 어떤 변화가 생길까요?**

   투자에서 성공을 거둔다 해도, 실패를 겪는다 해도 우리 삶의 본질적인 가치는 변하지 않습니다. 결국 그 성과가 인생의 일부분일 뿐임을 잊지 말아야 합니다.

4. **나쁜 투자 결과가 있을 때 어떻게 극복하나요?**

   실패는 누구에게나 있습니다. 이를 지나치게 자책하기보다 실패를 돌아보고, 앞으로의 계획을 세우는 것이 중요합니다.

5. **수익 실현과 손절에 대한 원칙이 있나요?**

   수익 실현과 손절의 기준을 세워 두면 감정적인 결정을 피할 수 있습니다. 이를 통해 투자에서 더 나은 결정을 내리게 됩니다.

투자의 길은 때로는 외롭고 힘든 여정일 수 있습니다. 그러나 자신만의 기준과 원칙을 가지고, 그 길을 지켜 가는 사람들이야말로 진정한 투자자라 할 수 있습니다. 여러분께서도 이 다섯 가지 질문을 통해 투자에서의 초연함을 키워 가며, 스스로 만족스러운 삶을 이어 가길 바랍니다.

13장

위기가
기회가 되는 순간

"썰물이 빠졌을 때 누가 헤엄치고 있었는지 알게 될 것이다."

– 워런 버핏

투자의 세계는 겉보기에는 유유히 떠다니는 것처럼 보이지만, 시장이 한번 뒤집어지면 누가 진정으로 실력을 가진 투자자인지가 드러납니다. "썰물이 빠졌을 때 누가 헤엄치고 있었는지 알게 된다."라는 워런 버핏의 말처럼 진정한 실력과 준비가 있는 투자자는 위기에서도 그 가치와 내공을 발휘해 흔들림 없이 투자를 이어 갈 수 있습니다.

변동성 속에서 투자자의 태도

2022년의 어려운 시기에 금융그룹의 전 회장님을 통해 중요한 교훈을 들을 기회가 있었습니다. 그분은 이렇게 말씀하셨습니다. "밀물일 때는 모든 사람들이 둥둥 떠다니기 때문에 누가 진정한 실력자인지 드러나지 않습니다. 하지만 썰물이 되어야만 누가 수영팬티를 입고 있었는지 알 수 있습니다." 이 말은 시장이 좋을 때는 누구나 높은 수익률을 자랑하지만, 시장이 어려워지면 그동안 운에 기대 왔던 사람들과 진짜 실력을 갖춘 사람들의 차이가 분명하게 나타난다는 것을 의미합니다.

그러면서 그는 PB의 공익적 역할로서 고객에게 이러한 리스크를 인식시키고, 실제로 필요한 리스크 관리와 실력 있는 투자가 무엇인지 안내하는 것이 중요하다고 강조하셨습니다. 이는 운으로 거둔 성과를 실력으로 착각하지 않도록, 그리고 흔들림 없이 투자할 수 있는 원칙을 세우도록 돕는 것입니다.

이 이야기는 저에게도 큰 울림을 주었습니다. 과거의 좋은 성과들이 진정으로 제 실력인지, 아니면 일시적인 시장 상황이 만들어 준 환상인지 되돌아보게 되었습니다. 그리고 고객들에게도 과거의 성공에 안주하지 않고, 스스로의 투자 원칙을 다시 한번 점검하도록 하는 계기를 마련해야겠다는 생각이 들었습니다.

자만심과 냉철함의 균형

투자에서 흔히 겪는 현상 중 하나는 자신이 모든 것을 알고 있다는 착각입니다. 특히 경험이 많고 사회적 지위가 높은 40~60대의 고객들 중에서는 자신의 경험이나 정보에 대한 신뢰가 지나치게 커, 조언을 들으려 하지 않거나 결정이 너무 빠른 경우를 자주 보게 됩니다. 가끔은 전문가의 조언조차 무시하고 본인이 가진 지식만을 믿고 진행하기도 합니다. 하지만 이처럼 자만에 빠지게 되면 시장이 어려워졌을 때 그 결과는 냉혹하게 다가옵니다.

한편, 다른 고객들은 그 반대의 어려움을 겪습니다. 투자에 대해 깊이 알지 못하면서도 유행에 쉽게 휩쓸려 위험을 감수하거나, 유튜브나 미디어의 말에 의존해 투자를 진행하기도 합니다. 이러한 경우, 일시적으로 큰 수익을 볼 수도 있지만, 시장의 변동이 클 때 그 변동성을 견디기가 쉽지 않으며 장기적인 안정감을 유지하기 어려운 경우가 많습니다.

따라서 투자할 때는 단기적인 시장 분위기에 휩쓸리지 않고, 자신만의 투자 철학과 원칙을 바탕으로 냉철하게 판단하는 것이 중요합니다. 이는 단순히 시장의 등락에 반응하는 것을 넘어, 어떤 상황에서도 흔들리지 않는 자기만의 기준을 가지는 것입니다.

위기 속에서 빛나는 실력과 경험

투자의 길은 때로는 외롭고 고통스러운 과정일 수 있습니다. 가격이 떨어지거나 변동성이 심할 때, 감정에 휘둘려 섣불리 매도 결정을 내리게 되는 경우가 많습니다. 그러나 그럴 때일수록 이 자산의 리스크가 일시적인 수급 문제인지, 시장 전체의 문제인지, 혹은 그 종목 자체의 근본적인 문제인지를 냉철하게 분석해야 합니다.

최근 고객의 한 사례가 이를 잘 보여 줍니다. 반도체 관련 주식을 보유 중이던 고객은 일시적인 시장 리포트로 인해 주가가 크게 떨어지자 당장 매도하려는 결정을 내리려 했습니다. 그러나 상황을 분석해 보면 오히려 추가 매수의 기회가 될 수 있는 상황이었고, 이 점을 고객에게 차분히 설명드렸습니다. 결과적으로 고객은 추가 매수 대신 보유를 결정하였고, 이후 주가는 두 배 이상 상승하면서 고객의 자산은 큰 수익을 거두게 되었습니다. 이러한 경험을 통해 고객과 관리자는 상호 신뢰를 구축할 수 있었고, 더욱 깊은 관계로 나아갈 수 있었습니다.

위기와 기회를 위한 준비

투자에 있어 위기와 기회는 항상 함께 다가옵니다. 자산 가격이 상승할 때는 위험을 인지하지 못하기 쉽고, 반대로 자산 가격이 하락할 때는 불안감에 흔들리기 마련입니다. 그러나 진정한 실력을 갖춘 투자자는 이러한 상황에서도 차분하게 자기만의 원칙을 지키며 투자할 수 있습니다. 이는 시장의 부침에 흔들리지 않는 진정한 투자자가 되기 위한 필수적인 자세입니다.

언론은 흔히 투자자들에게 자극적인 헤드라인과 단기적인 정보를 제공합니다. "수백 조가 날아갔다"거나 "어떤 자산이 폭등했다"는 기사들이 넘쳐나지만, 그 안에 담긴 정보와 진짜 가치는 오히려 투자자 스스로가 분석해야 할 부분입니다. 투자의 본질은 이러한 단기적인 시선을 넘어서, 길고 안정적인 관점에서 자신의 자산을 지키고 성장시키는 데에 있습니다.

후회와 실수를 대하는 우리의 태도

인생을 돌아보면, 누구나 "그때 그렇게 하지 말았어야 했는데…"라고 후회하는 순간들이 있습니다. 저 역시 많은 실수를 했고, 그 실수들이 지금의 저를 형성했습니다. 후회의 순간은 때때로 나태하거나 방심했을 때 찾아왔고, 교만했던 순간에 실수는 늘어나곤 했습니다. 과거에 대한 후회는 불필요한 감정이지만, 그것을 받아들이고 성장하는 태도는 필요합니다.

특히 투자의 세계에서는 빠르고 정확한 판단이 중요하지만, 후회가 개입할 때 오히려 냉정한 판단이 어려워집니다. 얼마 전 해외 주식에서 단기 매매로 좋은 수익을 거둔 적이 있었습니다. 하지만 매도한 후에도 주가는 더 오르기 시작했고, '너무 빨리 팔았나?' 하는 후회가 들었습니다. 수익을 얻었음에도 후회를 한 저 자신을 보며 아직도 배우고 있다는 생각이 들었습니다. 이처럼 후회가 든다고 해서 투자 판단을 흐리는 것은 더 큰 실수를 부를 수 있습니다. 중요한 것은, 우리가 가진 정보를 바탕으로 냉철한 판단을 내리는 것입니다. 그 결정이 올바른지 확인하고, 후회를 넘어서 성장으로 이어 가야 합니다.

포트폴리오와 리밸런싱
: 성공을 위한 정리

많은 고객을 만나면서 한 가지 깨달은 점은, 포트폴리오의 관리와 리밸런싱은 꼭 필요한 과정이라는 것입니다. 특히 주식이나 펀드에서 손실을 본 고객들은 잘못된 투자 종목을 그대로 두고, 오르기를 기다리기만 합니다. 손해가 나서 팔지 못하고, 언젠가는 오를 거라는 막연한 기대감으로 기다리다 보면 큰 손실을 감당하게 됩니다. 후회는 미래의 가능성을 제한하고, 더 큰 실패로 이어질 수 있습니다.

이를 해결하기 위해서는 일단 보유 종목을 줄이고 관리가 가능한 범위 내로 조정해야 합니다. 자산의 리밸런싱은 결국 정리와 결단이 필요합니다. 집안 청소처럼, 자산도 필요 없는 부분은 과감히 정리해야 더 나은 관리가 가능합니다. "혹시 오르지 않을까?" 하는 미련은 버리고, 냉정하게 시장 상황을 재평가하는 것이 중요합니다. 비자발적인 장기 보유가 아닌 자발적인 장기 투자를 목표로 효율적인 포트폴리오를 구축하는 것이야말로 지속 가능한 투자로 나아가는 길입니다.

〈함께 생각해 볼 질문들〉

1. **현재 보유하고 있는 자산은 어떤 기준으로 선택했나요?**
   자산을 선택할 때 단순한 유행이나 주변의 권유가 아닌, 자신의 기준과 원칙을 세우고 있는지 확인해 보세요.

2. 투자 자산이 변동을 일으킬 때, 매수와 매도 결정을 어떻게 내리시나요?

단기적인 변동에 흔들리지 않고 장기적인 가치에 집중하는 것이 중요합니다. 어떤 상황에서 매도할지, 어떤 상황에서 보유할지에 대한 기준을 확립하세요.

3. 투자 결정을 내릴 때 도움을 주는 사람들은 누구인가요?

신뢰할 수 있는 전문가나 자신의 투자 철학을 이해하는 사람들과 함께 의논하는 것이 좋습니다. 단, 스스로의 판단이 최종적인 결정임을 명심하세요.

4. 스스로를 실력 있는 투자자라고 생각하나요? 그 이유는 무엇인가요?

만약 자신이 실력 있는 투자자라고 생각한다면, 이는 단기적인 성과가 아닌 장기적인 경험과 원칙에 기반한 판단 때문일 것입니다.

5. 그 실력을 키우기 위해 어떤 노력을 하고 있나요?

지속적인 학습과 경험을 쌓는 것은 투자자에게 필수적

입니다. 투자의 본질과 원칙을 꾸준히 학습하며 성장할 계획을 세워 보세요.

인생을 살다 보면 누구나 후회를 마주하게 됩니다. 지나간 일들을 되돌리고 싶은 순간이 한두 번이 아니었을 겁니다. 캐서린 맨스필드가 말했듯, "후회는 쓸모없는 에너지의 낭비"입니다. 후회는 현재를 정체시키고, 무언가를 이루기보다 과거에 발목을 잡히게 만듭니다. 하지만 후회 없이 사는 것은 가능할까요? 우리는 실수를 통해 배우고 성장합니다. 때로는 그 실수를 통해 얻은 교훈이 현재의 나를 더 단단하게 만들어 주기도 합니다.

14장
후회하지 않는 투자 전략

"결코 후회하지 말 것, 뒤돌아보지 말 것을 인생의 규칙으로 삼아라. 후회는 쓸데없는 에너지의 낭비다. 후회로는 아무것도 이룰 수 없다. 단지 정체만 있을 뿐이다."

- 캐서린 맨스필드

투자에서 감정 조절은 필수적인 요소입니다. 손실을 보고 난 후, 조바심에 휩싸여 큰돈을 한 번에 만회하려는 시도는 오히려 더 큰 손실로 이어질 가능성이 큽니다. 투자에는 냉철한 판단이 필요하며, 감정적인 대응보다는 장기적이고 차분한 대응 전략이 성공으로 이끄는 지름길입니다.

한 여성 고객이 처음 투자를 시작하면서 많은 손해를 본 사례가 있습니다. 손실을 만회하려고 점점 더 많은 돈을 넣으면서 상황은 더 나빠졌고, 결국 남편에게도 말하지 못하고 큰 스트레스를 감내하며 혼자 고민하던 중이었습니다. 우리는 그녀와 함께 포트폴리오를 재정비하고, 종목을 교체하며 새로운 투자 원칙을 세워 갔습니다. 시간이 지나며 그녀는 점점 자산을 회복했고, 안정적인 자산 배분을 통해 오히려 큰 수익을 얻을 수 있었습니다. 이 경험을 통해, 감정에 휩쓸리지 않고 전략적으로 대응하는 것이 얼마나 중요한지 다시 한번 확인할 수 있었습니다.

행운의 순간을
지혜롭게 활용하는 방법

누구나 인생에서 한 번쯤은 행운을 만납니다. 중요한 것은 '그 행운을 어떻게 받아들이느냐'입니다. 한때 주식에서 큰 수익을 낸 후 다시 투기적으로 접근했던 한 친구는, 결국 모든 수익을 잃고 말았습니다. 행운은 지속되지 않으며, 자만심은 결국 더 큰 실수를 부릅니다. 잠시 찾아온 행운에 취하지 않고, 냉정하게 받아들여야만 그 행운을 발판으로 삼아 더 큰 성장을 이룰 수 있습니다.

투자에서 승부는 위험하며, 단기적인 성과에 치중하면 더 큰 실패로 이어질 수 있습니다. 급한 마음으로 승부를 걸기보다는, 천천히 그리고 신중하게, 길게 보고 투자하는 것이 중요합니다.

후회를 넘어서
: 배움의 기회로

우리는 후회로 인해 과거에 얽매이기 쉽지만, 그 후회를 새로운 교훈으로 삼을 때, 비로소 한 단계 성장할 수 있습니다. 과거의 실수를 통해 얻은 교훈은 미래의 성공을 위한 초석이 됩니다. 실패를 통해 배우고, 그 실패가 주는 경험을 자산으로 삼아야 합니다. 내가 경험했던 모든 실패와 성공은 지금의 나를 만들어 주었으며, 그 모든 것이 앞으로의 나를 더욱 단단하게 만들어 줄 것입니다.

과거에 대한 후회나 아쉬움을 떠나, 배움을 통해 앞으로 나아가는 것이야말로 진정한 투자자의 길입니다. 진정한 실력은 한 번의 성공이나 실패에 있지 않습니다. 경험을 통해 얻게 된 교훈을 바탕으로, 나만의 원칙을 세우고 이를 지켜 나가는 것이야말로 성공적인 투자로 나아가는 길이 될 것입니다.

〈함께 생각해 볼 질문들〉

1. **과거를 통해 지우고 싶은 기억과 간직하고 싶은 기억은 무엇인가요?**

   후회되는 순간도, 자랑스러운 순간도 있습니다. 중요한 것은 그 기억 속에서 배우는 것입니다.

2. **과거의 경험을 통해 얻은 교훈이나 투자 원칙은 무엇인가요?**

   실패를 통해 배운 교훈이 현재의 원칙으로 자리 잡았다면, 그것은 소중한 자산입니다.

3. 보유 중인 자산 중 '버린 자산'이라고 생각하는 것이 있나요?

자산은 단순히 보유하고 있다고 해서 가치가 있는 것이 아닙니다. 전략적 판단을 통해 유지할 자산과 정리할 자산을 구분해야 합니다.

4. 손실을 보았을 때 어떻게 대응하시나요?

급한 만회보다 중장기적인 계획이 중요합니다. 손실을 통해 얻는 교훈이 더 큰 성공으로 이어질 수 있습니다.

5. 과거와 미래의 나를 만나기 위해 어떤 행동을 하시나요?

현재의 나를 돌아보고, 과거를 교훈 삼아 미래를 준비하는 것이 중요합니다.

15장

부모와 자녀, 그리고 경제적 독립

"우리 인생의 전반은 부모님이 망쳐 놓고, 후반은 아이들이 망쳐 놓는다."

― 클라렌스 다로우

가족과 자녀를 향한 애정, 부모로서의 책임감은 누구나 공감할 수 있는 마음입니다. 많은 부모들이 자녀를 위해 교육, 경제적 지원을 아끼지 않으며, 그 사랑이 때로는 삶을 이끌어 가는 원동력이 되기도 합니다. 자녀가 더욱 안정적이고 행복한 삶을 살기 바라는 마음으로 열심히 일하고, 더 나은 기회를 제공하기 위해 최선을 다합니다. 그러나 이러한 사랑이 때로는 지나친 부담으로 작용하여, 부모 스스로의 삶에 여유가 사라지거나 자녀에게 과도한 기대와 부담을 주는 경우도 많습니다.

부모의 무한한 사랑과
지원의 딜레마

아이를 향한 부모의 사랑은 크고도 무조건적입니다. 그 사랑은 젊은 시절보다 나이가 들어 가며 더욱 깊어지는 듯합니다. 시간이 지나면서 부모님께서 보여 주신 희생과 사랑이 얼마나 컸는지 깨닫게 되지만, 그때가 되면 종종 '이제야 알았을 뿐'인 경우가 많습니다. 한편으로는 자녀를 위해 모든 것을 다 주고 싶지만, 그 과정에서 지나치게 몰입한 나머지 본인의 노후나 개인적 목표를 소홀히 하게 되기도 합니다.

많은 부모님들이 자신의 경제적 상황을 뛰어넘어 자녀에게 최선을 다하려고 합니다. 그러나 자녀들이 성인이 되어 경제적으로 독립할 수 있는 기반을 마련하는 동시에, 부모 자신의 삶을 준비하는 일 역시 중요합니다. 과도한 지원이 오히려 자녀들에게 '부모님의 도움 없이는 이룰 수 없는 목표'라는 신호가 되어 버리는 것은 아닌지 고민해 볼 필요가 있습니다.

세대 간 경제적 비대칭과
그로 인한 갈등

현대 사회에서 부모와 자녀 간 경제적 역할과 기대는 자주 충돌합니다. 부모님은 자녀의 성공을 위해 아낌없는 지원을 합니다. 자녀에게 좋은 교육, 좋은 환경을 제공하고, 안정적인 직장을 갖기를 바랍니다. 그러나 이러한 기대와 지원은 때로 자녀에게도, 부모에게도 부담이 됩니다. 자녀는 '부모님이 충분히 해 주지 않았다'는 불만을 가질 수 있으며, 부모는 '이 정도면 충분히 해 주었다'는 마음으로 갈등이 생기기도 합니다.

결국, 부모와 자녀가 서로의 상황과 기대를 솔직하게 이야기하고 조율해 나가는 과정이 필요합니다. 재정적 지원이 반드시 중요한 것은 아니며, 자녀에게는 독립적인 경제생활을 위한 지식과 책임감이 더 큰 자산이 될 수 있습니다.

세대 간 재무 교육과
자산 관리

경제적으로 성숙한 자녀로 성장하기 위해서는 재무 교육이 필수적입니다. 많은 부모님들이 '어린 아이에게 돈에 대해 이야기하는 것은 아직 이르다'는 생각을 가지시지만, 오히려 어린 시절부터 경제관념을 기르고, 자산 관리를 학습하는 것이 중요합니다. 이를 통해 자녀는 독립적인 경제적 판단을 내리는 힘을 기르게 되고, 미래에 스스로 자산을 관리하고 생활하는 데 필요한 능력을 갖추게 됩니다.

자녀를 위한 경제 교육 방법 중 하나는 월별 용돈을 자녀 스스로 관리하게 하거나, 주식이나 펀드 투자를 함께 시작하는 것입니다. 자녀가 성인이 될 때까지 매월 일정 금액을 투자하고, 이를 통해 자산을 점진적으로 축적하게 하는 것도 좋은 방법입니다. 자녀가 어느 정도 성장했을 때, 자산의 일부를 증여하여 직접 관리하게 하는 것도 추천합니다. 경제적 독립을 위한 기초 지식과 경제적 책임감을 일찍부터 경험하게 할 수 있는 좋은 기회입니다.

자녀의 재정적 독립을 위한 로드맵

자녀가 경제적 독립을 이루기 위해서는 부모의 재정적 지원도 중요하지만, 스스로 자산을 관리하는 경험을 쌓아야 합니다. 자녀가 스스로 자산을 증식하고, 관리할 수 있는 능력을 길러주기 위해 부모가 재정적 조언을 제공하고, 필요할 때는 자산을 관리하는 노하우를 전달하는 것이 효과적입니다.

가령, 자녀가 고등학생이나 대학생이 되었을 때 자산 관리를 위한 계좌를 만들고, 소액이라도 직접 투자를 시작하도록 도와주는 것이 한 예입니다. 자산 관리 경험이 쌓여 갈수록 자녀는 더욱 자신감을 가지고 경제적 독립을 준비할 수 있습니다.

가정의 경제적 상황과
재무 목표를 공유하기

가족 내에서 경제적 상황에 대한 이야기를 나누고, 가족 구성원이 각자의 역할과 목표를 이해하도록 돕는 것도 중요합니다. 자녀는 부모의 경제적 부담을 이해하고, 가정의 목표에 기여하는 방법을 알게 됩니다. 예를 들어, 가족 전체가 생활비를 절약하여 여행을 가거나, 가족의 경제적 목표를 이루기 위해 서로 협력할 수 있습니다.

이러한 과정을 통해 가족 구성원 모두가 경제적으로 함께 성장하며, 재무적 안정성을 확보해 나갈 수 있습니다. 서로가 노력하고 협력하는 가운데 경제적 독립과 자립을 향해 나아갈 수 있을 것입니다.

〈함께 생각해 볼 질문들〉

1. **매월 자녀에게 지출되는 사교육비는 얼마인가요?**
사교육비가 가정의 재정에 어떤 영향을 미치는지 살펴보는 것은 중요합니다. 이 지출이 적절한지 고민해 보세요.

2. 자녀의 꿈과 직업 목표는 무엇인가요?
부모로서 어떤 지원을 해 주고 계신지, 이 지원이 자녀의 목표에 실질적으로 도움이 되는지 확인해 보세요.

3. 자녀에게 몇 세까지 경제적 지원을 하실 계획인가요?
경제적 독립을 위한 로드맵을 마련하고, 자녀와 사전에 상의해 보세요.

4. 자녀의 경제적 독립을 위해 준비 중인 것들이 있나요?
자녀의 미래를 위해 미리 적립하고 있는 자산이 있는지, 그리고 그 자산이 자녀에게 어떻게 활용될지를 구체적으로 생각해 보세요.

5. 가족들이 가정의 경제적 상황을 잘 알고 있나요?
재무적 목표에 대해 가족이 함께 이해하고 있다면, 재정 관리와 협력에 큰 도움이 될 것입니다.

6. 가족의 재무 목표를 이루기 위해 가족 구성원 각자가 해야 할 일은 무엇일까요?

가족이 재정 목표를 함께 이루기 위해 구성원 각자가 어떤 역할을 해야 할지 논의해 보세요.

이 질문들이 가정 내 재정 상태와 미래 계획을 설정하는 데 유용한 가이드가 되기를 바랍니다. 자녀에게 무엇을 지원할지 고민하는 일은 부모라면 누구나 하는 고민입니다. 그러나 그보다 더 중요한 것은, 자녀가 스스로 경제적 독립을 이뤄 낼 수 있는 기초를 닦아 주는 것입니다. 자녀가 자립적으로 경제적 삶을 이끌어 나갈 수 있도록 부모가 제공하는 재정적 교육과 준비가 결국 더 큰 사랑이 될 것입니다.

16장

신뢰할 수 있는 금융 관리자는 어떤 사람인가?

"여러분과 리무진을 타고 싶어 하는 사람은 많지만, 정작 여러분이 원하는 사람은 리무진이 고장 났을 때 같이 버스를 타 줄 사람입니다."

– 오프라 윈프리

삶은 무수히 많은 만남으로 엮여 있습니다. 어린 시절 가족들과의 관계에서부터, 성장하며 만나는 친구들, 교사들, 그리고 사회 속에서 맺는 다양한 관계까지, 우리는 각자의 인생 여정에서 의미 있는 사람들과 관계를 맺고, 때론 그 관계 속에서 상처를 받기도 하며 살아갑니다.

오프라 윈프리는 "여러분과 리무진을 타고 싶어 하는 사람은 많지만, 정작 여러분이 원하는 사람은 리무진이 고장 났을 때 같이 버스를 타 줄 사람"이라고 말합니다. 이 말은 진정한 관계가 무엇인지를 고민하게 합니다. 삶이 평탄하고 순조로울 때보다 어려움 속에서 진정한 친구와 가족의 의미가 깊어진다는 사실을 깨닫게 되기 때문입니다.

주변의 사람들이
나에게 주는 영향

 사람들은 흔히 누구와 함께 시간을 보내는지가 그 사람을 나타내는 중요한 요소라고 이야기합니다. 고대부터 이어져 온 맹모삼천지교의 교훈처럼, 부모가 자녀를 좋은 환경에서 키우고자 하는 노력은 우리의 삶에 깊이 배어 있습니다. 더 나은 환경에서 더 나은 교육을 받을 수 있다면, 보다 나은 친구와 기회를 만날 수 있다는 기대가 우리를 움직이기 때문입니다.
 그러나 꼭 지역이나 환경이 사람을 결정짓는 것은 아닙니다. 때로는 좋은 환경에서 자란 사람들 중에도 어려움에 직면했을 때 이를 기꺼이 감내하고 도와줄 수 있는 이가 없는 경우가 있고, 반대로 매우 힘든 환경에서도 진정한 친구가 곁에 있는 경우가 있습니다. 결국 중요한 것은 그 사람과 내가 맺고 있는 진정성 있는 관계입니다.

금융업계에서의
신뢰의 중요성

금융업에 종사하다 보면 사람의 관계가 얼마나 중요한지 더욱 실감하게 됩니다. 자산관리, 재무설계, 투자 상담 등은 단순히 돈을 관리하는 일 같지만, 사실 고객의 인생의 중요한 순간들을 함께하는 일입니다. 많은 고객들이 그들의 자산을 관리하는 사람에게 높은 기대를 갖습니다. 그 기대는 단순히 자산을 불려 달라는 바람을 넘어, 인생의 굴곡 속에서 함께 고민하고 해결해 줄 수 있는 든든한 동반자를 원하는 마음에서 비롯됩니다.

어느 날 저녁, 한 고객이 전화로 전해 온 상담 요청을 기억합니다. 한때 자신의 경제적 불안을 해소해 줄 것이라는 말에 속아, 결국 대부분의 자산을 잃고 경제적 어려움에 처하게 된 이야기를 전해 주셨습니다. 이 고객은 혼자 해결할 수 없는 상황이었고, 누구에게도 말할 수 없었던 상황이기에 그 고통을 상담을 통해서나마 나누고 싶어 했습니다.

이런 일은 한두 번이 아니었습니다. 때로는 금융사기 피해를 본 고객을 위로하고, 어떻게든 원금 일부라도 돌려받을 방법을 찾아 함께 노력하기도 했습니다. 이 과정에서 진정한 관리자의 역할이 무엇인지에 대해 깊이 생각하게 되었습니다. 관리자가 제공하는 서비스는 단순히 경제적 이익만을 목표로 하는 것이 아니라, 고객의 인생 전반에 걸쳐 신뢰와 안정을 제공하는 역할도 포함되어야 한다고 느꼈습니다.

진정한 관계를 맺는
금융 관리자의 덕목

1. 성실함과 신뢰

고객이 선택하는 금융관리자는 경험과 실력뿐 아니라, 성실함과 신뢰를 주는 사람이어야 합니다. 고객의 자산을 관리하는 사람은 단순히 돈을 불리는 역할을 넘어서, 고객의 인생 계획을 함께 세우고 지원하는 사람이어야 합니다.

2. 고객과의 주기적인 소통

훌륭한 관리자는 주기적으로 고객에게 투자 현황과 변화에 대해 소통합니다. 주기적인 점검을 통해 고객이 상황을 이해하고, 필요할 때 적절한 결정을 내릴 수 있도록 지원하는 것이 중요합니다.

3. 균형 잡힌 투자 관점

경험이 부족하거나 지나치게 리스크를 감수하려는 관리자는 장기적인 신뢰를 주기 어렵습니다. 자산 관리자는 다양한 상황에서 균형 잡힌 포트폴리오와 투자 전략을 제인할 수 있어야 하며, 고객이 안심하고 자산을 맡길 수 있는 안정감을 제공해야 합니다.

금융 관리자를 선택할 때
고려해야 할 요소들

금융 관리자를 선택하는 일은 매우 중요한 결정입니다. 고객의 재산을 관리하고 인생의 재무적 계획을 세우는 데 깊이 관여하는 만큼, 다음과 같은 기준을 고려할 수 있습니다.

1. 자격증과 경력

금융 지식과 경험을 쌓기 위해 필요한 자격증을 소지하고, 업계에서의 경력을 충분히 쌓은 사람을 선택하는 것이 좋습니다. 그러나 단순히 자격증과 경력만으로 결정하기보다는, 실제 상담 시 보여 주는 성실성과 전문성을 중점적으로 고려하는 것이 좋습니다.

2. 포트폴리오 관리 능력

관리자가 제안하는 투자 포트폴리오의 구성과 관리 방식은 매우 중요합니다. 지나치게 한쪽으로 치우친 투자는 위험할 수 있으므로, 균형 잡힌 포트폴리오를 제안하고 관리하는 사람을 선택해야 합니다.

3. 정기적인 소통과 고객 관리

고객의 변화하는 상황에 맞추어 자산 관리 전략을 꾸준히 조정해 줄 수 있는 사람이 좋은 관리자입니다. 또한, 고객의 요구에 빠르게 응답하고, 꾸준히 상황을 업데이트해 줄 수 있는 사람을 찾는 것이 좋습니다.

진정한 금융 관리자는
곁에서 힘이 되어 주는 사람

관리자가 고객에게 줄 수 있는 것은 단순히 수익률을 넘어서, 안정적인 미래에 대한 신뢰입니다. 고객이 평안한 마음으로 자산을 맡길 수 있고, 인생의 중요한 순간에서 함께 고민해 줄 수 있는 관리자가 있다면 이는 큰 행운입니다.

영화 〈제리 맥과이어〉를 떠올려 보십시오. 그 영화 속 주인공이 고객과의 진정한 관계를 위해 노력하는 모습은 금융업계의 관리자들에게도 많은 시사점을 줍니다. 관리자는 고객의 삶에 헌신하며, 그들의 재정적 안정을 함께 이루어 가는 동반자이자 친구여야 합니다.

〈함께 생각해 볼 질문들〉

1. 당신의 자산관리에 도움을 주고 있는 전문가가 있습니까?
2. 전문가 또는 관리자를 선택할 때 당신의 기준은 무엇입니까?
3. 관리자를 교체할 때 당신만의 기준이 있습니까?
4. 당신에게 필요한 관리자는 비서형 관리자입니까, 포트폴리오형 관리자입니까?

관리자는 고객의 인생에 든든한 조력자로 존재해야 합니다. 이 글을 통해, 삶의 동반자로서 진정한 금융 관리자의 역할을 되새기며 고객과 함께할 수 있는 좋은 관계를 만들어 가기를 바랍니다.

17장
목표와 계획이 있는 투자만이 성공한다

"무엇을 하든 주의 깊게 하라! 그리고 목표를 바라보라!"

– 작자 미상

"준비 여부에 관계없이 열망을 실현하기 위한 명확한 계획을 세우고, 즉시 착수하여 그 계획을 실행에 옮겨라."

– 나폴레온 힐

인생에서 목표를 이루기 위해서는 명확한 계획을 세우고, 신중하게 준비하며 끊임없이 실행에 옮기는 자세가 필요합니다. 나폴레온 힐이 말했듯, 준비 여부와 관계없이 실현하고자 하는 열망이 있다면 그에 맞는 구체적 계획을 세우고 즉각적으로 행동에 옮기는 것이 중요합니다. 특히 금융 상품에 있어서도 이러한 태도는 매우 중요합니다. 투자 계획이 명확하고 철저하게 준비된 경우, 예기치 못한 위험을 효과적으로 회피할 수 있습니다.

금융 상품의 특성과
위험 요소에 대한 이해

금융 상담을 하다 보면 철저하게 준비하고 계획을 세워 오시는 고객이 있는 반면, 특별한 계획 없이 단지 추천하는 상품을 들으러 오시는 고객도 많습니다. 이런 경우 대부분 단순히 요즘 유행하는 상품이나 수익률 높은 상품을 무작정 선택하게 됩니다. 하지만 이런 접근 방식은 큰 위험을 내포하고 있습니다. 최근 금융 상품 가입 시에는 고객의 투자 성향을 정확히 진단하고, 그에 맞는 적합한 상품을 추천하여 판매 과정의 투명성을 강화하는 방침이 적용되고 있습니다.

이는 소비자 보호 강화의 일환으로, 투자 실패로 인한 손실을 최소화하기 위한 중요한 장치입니다.

그러나 이러한 자정 노력에도 불구하고 금융 상품에서의 대규모 손실이나 부실 사례는 여전히 발생하고 있습니다. 이에 대한 예로, 1999년 IMF 경제위기 이후 유행했던 스팟성 주식형 펀드와 목표상환형 펀드가 있습니다. 이러한 펀드는 당시의 급격한 경제 회복과 함께 짧은 시간 안에 목표 수익률에 도달하는 경우가 많았고, 그만큼 고객의 수요도 폭발적이었습니다. 그러나 수익률이 지속되지 않는 경우가 많아 만기 시점에 손실이 발생한 사례도 적지 않았습니다.

이와 같은 경험을 통해, 목표 전환형이나 조기 상환형 펀드의 리스크가 명확하게 드러났고, 금융사들은 이런 상품의 판매와 관련해 여러 가지 개선책을 마련하기 시작했습니다. 그렇지만 손실 가능성이 있는 상품을 피하는 것만이 능사는 아닙니다. 중요한 것은 각 금융 상품의 구조와 리스크를 철저히 분석하고, 자신의 투자 성향과 목표에 맞는 상품을 선택하는 것입니다.

목표 수익률 설정의
장단점과 리스크 관리

ELS(주가연계파생결합증권)나 DLS(파생연계증권)와 같은 상품들은 일정한 수익률을 약속하고 조기 상환 조건에 도달하면 수익을 지급하는 구조를 가지고 있습니다. 그러나 이러한 상품들은 조기 상환이 이루어지지 않을 경우 리스크가 급격히 커질 수 있습니다. 특히 만기 상환이 불가피한 상황이 되면 큰 손실이 발생할 수 있습니다.

예를 들어 ELS 상품의 경우 고객과의 상담에서 자주 나오는 불만은 대체로 "이렇게 위험한 상품인 줄 몰랐다", "직원이 좋다고만 해서 가입했는데 손실이 나서 배신감이 든다" 등의 내용입니다. 이러한 불만들은 고객의 투자 성향에 맞지 않는 상품이 추천되었거나, 상품의 구조와 위험성을 제대로 이해하지 못한 상태에서 가입이 이루어진 결과입니다.

따라서, 투자 상품을 선택할 때는 목표 수익률에만 집중하기보다는 그로 인해 발생할 수 있는 리스크와 만약의 손실을 철저히 검토하는 것이 필요합니다. 확정금리형 상품의 경우에도 마찬가지입니다. 단순히 금리가 확정되었다고 해서 무조건 안전한 것은 아닙니다. 최근 주목받고 있는 부동산 PF 연계 확정금리 상품들은 부동산 시장의 변동성에 따라 큰 손실을 볼 위험이 존재합니다. 즉, 확정 금리라고 해서 무조건 안전하다고 믿어서는 안 됩니다.

펀드 선택과 실물 자산 연계 상품의 특성 이해

실물 자산과 연계된 펀드, 즉 선박 펀드나 부동산 펀드의 경우는 보다 신중히 접근할 필요가 있습니다. 이러한 상품들은 특정 실물 자산의 가치 상승이나 임대 수익에 의존하는 구조를 가지고 있어, 해당 자산의 가치가 하락할 경우 큰 손실을 볼 수 있습니다. 예를 들어, 선박 펀드는 선박 용선료에 따라 수익이 결정되기 때문에 용선료가 급격히 하락하면 수익에 직접적인 타격을 입습니다. 항공기 펀드나 해외 부동산 펀드 또한 임대료나 건물 매각을 통해 수익을 창출하는 구조라서, 외부 환경 변화에 매우 민감합니다.

또한, 금융사에서 소액 고객들에게 쉽게 접근 가능한 실물 자산 상품을 제안할 때는 그 상품이 반드시 안정적인지 재차 확인해야 합니다. 좋은 실물 자산 투자 상품은 소위 '알짜'라 불리며, 고액 자산가나 전문 투자자들에게 주로 제공되는 경우가 많습니다. 만약 리테일 상품으로 제공되는 실물 자산 펀드가 있다면 해당 상품의 리스크 요인을 꼼꼼히 검토할 필요가 있습니다.

투자와 위험을 분산할 수 있는 방법
: 공모펀드와 사모펀드

공모펀드와 사모펀드는 모집 방식과 투자 접근성에서 차이를 보입니다. 공모펀드는 일반 투자자에게 공개적으로 모집하며, 추가 자금 유입이 자유로운 개방형 구조를 가지는 경우가 많습니다. 반면 사모펀드는 가입 인원이 제한되고, 폐쇄형 구조로 운영되며 전문 투자자에게만 제공되는 경우가 많습니다. 일반적으로 사모펀드는 특정 목적에 맞춘 맞춤형 자산 관리가 가능하며, 상대적으로 높은 수익률을 목표로 하기에 고액 자산가들에게 적합한 경우가 많습니다.

또한, TDF(타깃 데이트 펀드)는 장기 투자 상품으로, 특정 시점에 맞춰 자산을 배분하는 전략을 통해 자산을 안정적으로 운용할 수 있는 구조를 가지고 있습니다. 특히 은퇴 시기에 맞춰 자산을 배분하는 전략으로 연금 가입자에게 적합한 상품입니다. 공모펀드는 인덱스 추종형 상품을 주로 제공하며, ETF와 같은 투자 상품을 통해 다양한 산업 영역에 투자할 수 있습니다.

해외 주식 투자와 환헷지 고려

해외 주식 펀드나 ETF에 투자할 때는 환율 변동이 투자 수익에 미치는 영향을 고려해야 합니다. 예를 들어, 해외 주식에서 수익을 보았지만 환율 손실로 인해 실질적인 이익이 줄어드는 경우가 발생할 수 있습니다. 반대로, 주식에서 손실이 나더라도 환율 이득이 발생하여 손실을 일부 보전할 수도 있습니다. 따라서 해외 자산에 투자할 때는 환헷지가 적용된 상품과 그렇지 않은 상품 중 본인의 투자 목적에 맞는 상품을 선택하는 것이 중요합니다.

환헷지가 적용된 상품은 환율 변동의 영향을 받지 않으므로 안정적인 수익을 추구할 수 있지만, 환헷지 비용이 발생하여 수익률이 다소 줄어들 수 있습니다. 반면 환헷지가 없는 상품은 환율 변동에 따른 추가적인 수익을 기대할 수 있지만, 그만큼 환율 리스크를 감수해야 합니다. 최근 브라질 국채와 같이 비과세 혜택을 받으며 환율 변동을 피하기 위해 달러로 투자하는 사례도 증가하고 있어, 환율에 대한 이해가 투자의 핵심 요소 중 하나가 되고 있습니다.

투자 트렌드와 ETF의 활용

ETF(상장지수펀드)는 펀드의 구조를 가지면서도 주식처럼 증시에 상장되어 자유롭게 매매할 수 있는 상품입니다. ETF는 주식처럼 증시에서 매매 가능하고, 펀드처럼 다양한 종목으로 분산 투자할 수 있어 거래의 편리성과 투자의 유연성을 모두 제공합니다. 특히, 최근 주목받고 있는 배당형

ETF는 월 배당금을 지급하여 투자자들의 수익 창출 욕구를 충족시키고 있습니다. 주로 은퇴 자금 마련을 위해 배당형 ETF에 관심을 가지는 고객들이 많아졌으며, 이를 통해 장기적인 투자 수익을 확보하고자 합니다.

투자에 필요한 마음가짐과 신중함

투자는 수익을 창출하는 기회를 제공하지만, 그만큼 리스크도 함께 수반됩니다. 투자를 할 때는 첫째, 여유 자금으로 시작하고 둘째, 충분한 정보와 상담을 통해 소액부터 시작하여 점차적으로 규모를 확대하는 것이 현명합니다. 또한 투자할 때는 목표 수익률뿐만 아니라 최악의 시나리오를 고려하는 것이 중요합니다.

투자는 단순히 수익률을 추구하는 것이 아니라, 자신의 성향과 상황에 맞춘 안정적인 자산 관리를 목적으로 해야 합니다. 다양한 금융 상품의 특성을 이해하고, 자신의 투자 목표와 성향에 맞는 상품을 선택하는 것이 성공적인 투자로

가는 지름길입니다.

〈함께 생각해 볼 질문들〉

1. 당신의 투자 성향을 알고 있습니까?
2. 현재 가입한 금융 상품이 당신의 투자 성향에 적합한지 확인하셨습니까?
3. 이전에 투자를 통해 얻은 경험을 바탕으로 투자 방식을 조정하고 있습니까?
4. 현재 보유한 금융 상품 중 안전하다고 생각하는 상품의 장점과 단점은 무엇입니까?
5. 최악의 시나리오를 가정했을 때 그 가능성과 그로 인한 손실 규모를 평가해 보셨습니까?

결국 투자의 성공은 계획과 실행력에 달려 있습니다. 목표를 정하고 그 목표를 향해 나아갈 때 발생할 수 있는 리스크를 예측하고 대비하는 것이 성공적인 자산 관리의 필수 요소입니다.

18장

돈보다 더 소중한 것

"인생을 살아가는 데는 오직 두 가지 방법밖에 없다. 하나는 아무것도 기적이 아닌 것처럼, 다른 하나는 모든 것이 기적인 것처럼 살아가는 것이다."

– 앨버트 아인슈타인

인생을 살아가면서 우리는 크고 작은 기적을 매 순간 경험하며, 이러한 기적들은 우리의 삶을 더욱 풍요롭게 만듭니다. "인생을 살아가는 데는 오직 두 가지 방법밖에 없다. 하나는 아무것도 기적이 아닌 것처럼, 다른 하나는 모든 것이 기적인 것처럼 살아가는 것이다"라는 아인슈타인의 말은 인생을 바라보는 태도에 따라 우리가 느끼는 삶의 가치와 의미가 달라진다는 깊은 통찰을 전해 줍니다. 저 또한 인생의 고비마다 다양한 경험을 통해 '기적'을 느꼈고, 이 경험들은 오늘의 저를 형성하는 데 큰 밑거름이 되었습니다.

금융시장에서 오랜 시간을 보내며 겪은 일들은, 인생의 기적을 어떻게 바라보아야 하는지에 대한 깨달음을 주었습니다. 때로는 모든 것이 잘 풀리는 것처럼 보이다가도 어느 순간 예상치 못한 일들이 발생하며 수익이 급락하기도 하고, 반대로 큰 손실을 예상했던 순간에서 뜻밖의 기회가 생기기도 했습니다. 이러한 경험 속에서 깨닫게 된 중요한 교훈은 바로 '불확실성'에 대한 경외감이었고, 이는 곧 '기적'과도 같았습니다. 우리가 투자와 인생에서 이룬 성과가 스스로의 노력 덕분이라고 여길 수 있지만, 결국 삶의 많은 부분은 우리의 통제를 넘어서는 요소들에 의해 좌우됩니다.

삶 속에서 맞이하는
기적과 예측의 부질없음

경제 위기의 순간에도 실타래가 풀리듯 문제들이 하나씩

해결되는 과정, 그리고 주식이나 펀드의 가격이 예측 불가능하게 오르고 내리는 모습은 인간의 한계를 느끼게 합니다. 모든 것이 예측 가능하고 통제될 수 있다면, 우리는 매 순간 '성공'할 것입니다. 그러나 현실에서는 계획과 예측대로 모든 것이 흘러가지는 않습니다. 과거 후배가 회사의 우리사주를 팔고 난 뒤 주가가 폭락한 일화나, 대구에서 찾아온 고객이 중국 펀드에 투자해 수익을 거두었다가 그 뒤 폭락하는 등 예상치 못한 일들이 끊임없이 일어납니다. 인생에서 이러한 경험은 단순한 행운이나 불운이 아닙니다. 우리가 얼마나 한계를 지닌 존재인지, 기적이라는 것은 스스로가 자각하지 못할 때에도 매 순간 우리 곁에 존재한다는 것을 상기시켜 줍니다.

**나의 경험을 통한
투자와 인생에 대한 통찰**

저 역시 금융시장에 오래 몸담아 오면서, 예측과 통제의 한계를 실감하며 살아왔습니다. 개인적으로 겪었던 대규모 수익과 손실, 고객들의 감정적인 반응들은 인생에서 '기적'의 의미를 되새기게 하는 계기가 되었습니다. 예를 들어, 중국 경제 성장에 투자했던 대규모 펀드가 엄청난 수익률을 기록하며 고객들과 환호성을 질렀던 순간이 있었지만, 그 기쁨은 오래가지 않았습니다. 투자 시장이 빠르게 급락하며 고객들의 자산은 반토막이 났고, 그로 인해 비난과 실망을 받아야 했습니다. 이때 느낀 것은, 인생과 투자는 동일한 원리로 움직인다는 것입니다.

우리의 삶이나 투자에서 얻은 결과만을 가지고 성공과 실패를 나누는 것은 큰 의미가 없습니다. 동일한 상황에서 다른 접근 방식을 통해 같은 결과를 얻은 사람들 중에서도 어떤 사람은 운이 좋았다고 생각하고, 또 어떤 사람은 자신의 노력 덕분이라고 여길 수 있습니다. 그러나 결국은 '과정' 속에서 얻은 교훈이 진정한 가치입니다.

인생에서 기적을 바라보는 태도

기적은 큰 사건이나 특별한 성과만을 의미하지 않습니다.

오히려 일상 속에서 매일같이 겪는 작고 소소한 일들 속에서 기적을 찾을 수 있습니다. 우리가 어린 시절 고향에서 겪었던 수해가 극복되고, 열악했던 환경이 개선되어 안정적인 주거지가 된 경험 또한 기적의 일종입니다. 지금의 가족들과 추억을 공유하고, 과거를 돌아보며 현재에 감사할 수 있는 모든 순간이 기적입니다.

이제 제 아이가 고등학교 후배가 되어 저와 같은 학교에 다니고, 저의 젊은 시절을 함께했던 선생님이 지금도 계신 모습을 보면서 과거와 현재가 연결된 듯한 경험을 할 때마다 저는 '기적'을 느낍니다. 우리의 삶에서 과거와 현재, 그리고 미래가 서로 연결되어 있다는 느낌은 아주 특별한 감동을 안겨 주며, 이러한 소중한 순간들을 잊지 않고 살아가고 싶습니다.

인생과 투자에서 지켜야 할 원칙

인생과 투자 모두에서 저는 몇 가지 기본 원칙을 지키려고 합니다. 성공적인 투자를 위해 단기적인 수익률에 일희일비하지 않고, 장기적이고 꾸준한 성장을 바라보는 태도를 가지려 합니다. 목표 수익률에 도달하면 일부 자금을 안전 자산에 분산하여, 장기적으로 안정적인 성과를 추구하는 것이 중요합니다. 특히 금융 시장에서는 부정적인 신호가 나타날 때 이를 무시하지 않고, 다양한 의견을 경청하여 나의 포트폴리오를 점검하는 과정이 필요합니다.

또한, 투자가 어려운 시기에는 포트폴리오를 다시 점검하고, 현재 상황에서 과거의 결정을 반복할 것인지 스스로에게 질문해 보는 것도 필요합니다. 그리고 나의 자산을 관리하는 금융사 직원과 신뢰를 바탕으로 한 관계를 유지하는 것이 중요합니다. 단기적인 손실에만 집착하지 않고, 장기적인 관점에서 함께 성장할 수 있는 파트너십을 맺는 것이 필요합니다.

삶의 기적을
경험하기 위한 5가지 포인트

1. 투자 수익률 목표와 손절 기준을 명확히 정하라

손해를 감수하고 손절해야 하는 상황에서 손절 기준을 미리 정해 두는 것은 장기적인 성공에 중요한 역할을 합니다. 목표 수익률에 도달했을 때나 일정 손실 수준에 도달했을 때 자산을 매도하는 결정을 내리는 것이 필요합니다.

2. 인생에서 이루고 싶은 일 3가지를 적어 보라

돈을 번다면 그 돈으로 하고 싶은 3가지 일을 생각해 보십시오. 돈이 단순히 수단이 아닌 목적을 위한 수단이 될 때, 돈의 가치와 의미가 훨씬 커집니다.

3. 가장 기적적이었던 순간과 도움 받은 사람에 대해 돌아보라

지금까지의 삶에서 가장 큰 기적은 무엇이었는지, 그리고 그 과정에서 도움을 받았던 사람에 대한 고마움을 되새겨 보십시오. 이러한 기억은 지금의 삶을 더욱 풍요롭게 만들 것입니다.

4. 감사의 마음을 실천하라

인생에서 가장 큰 도움을 주었던 사람에게 무엇으로 감사의 마음을 전할지 생각해 보십시오. 작은 선물이나 진심 어린 감사의 표현은 관계를 더욱 깊고 의미 있게 만듭니다.

5. 기적 같은 하루를 감사하며 살아라

우리에게 주어진 하루하루를 기적처럼 감사하며 살아가는 태도는 삶의 질을 높여 줍니다. 인생의 많은 순간들이 우리의 의도와 다르게 흘러가더라도, 주어진 하루에 감사하며 최선을 다해 살아가는 것이 가장 큰 기적입니다.

삶의 모든 순간이 기적입니다. 때로는 우리가 그 가치를 알지 못하더라도, 시간이 지나 뒤돌아보면 그 순간들이 얼마나 소중했는지 깨닫게 될 것입니다. 인생은 타인의 시각이 아니라, 자신이 세운 원칙과 가치에 따라 살아가야 합니다. 우리는 기적 같은 하루를 소중히 여기며, 주어진 삶에 감사함을 느끼며 살아갈 때 진정한 행복을 찾을 수 있을 것입니다.

19장

투자 중독에서 벗어나기

"손실을 본 사람은 도박에 빠지고, 성공을 본 사람은 주식에 중독된다."

주식 중독은 현대 사회에서 매우 흔한 현상이지만, 그 심각성에 대해서는 잘 인식하지 못하는 경우가 많습니다. 중독이라는 말이 다소 과장되게 들릴 수도 있겠지만, 주식에 지나치게 집착하는 많은 이들이 자신의 삶을 갉아먹는 상황을 경험합니다. 주식 중독은 단순히 투자 실패로 인한 경제적 손실 이상의 영향을 미칩니다. 삶의 균형을 무너뜨리고, 가족과의 관계, 심지어는 자신의 건강까지 악화시킬 수 있습니다. 주식 중독에 빠진 사람들의 공통적인 특징은 손실

회복에 대한 강박과 끊임없는 재투자 욕구입니다. 여기서는 주식 중독에 빠진 실제 사례를 중심으로, 그 과정에서 드러나는 심리적 변화와 이로 인해 겪는 문제들에 대해 이야기해 보겠습니다.

주식 중독 사례 3가지

사례 1. '원금 회복'이라는 이름의 함정에 빠진 투자자

몇 년 전, 한 친구가 오랜 시간 모은 돈을 주식에 투자했습니다. 초기에는 작은 성공으로 인해 자신감을 얻고, 추가 자금을 투입했습니다. 그러나 그가 기대했던 시장의 흐름은 곧 반대로 움직였고, 그의 자산은 빠르게 줄어들었습니다. 처음에는 잠시 후 회복될 거라는 희망을 가지고 기다렸지만, 상황은 점점 나빠졌습니다. 그는 더 큰 손실을 감수하면서도 계속해서 추가 자금을 투자했지만, 그 모든 투자 또한 불행히도 실패로 끝났습니다.

이 친구는 손실을 '복구'하기 위해 하루 종일 주식 차트에 매달렸고, 매일 밤늦게까지 시장 분석을 하며 삶의 거의 모든 시간을 투자에 쏟아부었습니다. 직장에서도 집중력이 떨어지고, 가족과의 대화도 점점 줄어들었습니다. 결국 그의 부인은 그가 마치 도박에 중독된 사람처럼 보인다며 우려를 표했고, 자녀들조차 아버지의 부재를 느끼기 시작했습니다.

이 친구의 문제는 한꺼번에 손실을 복구하려는 마음이 끝없이 그를 자극했다는 점입니다. 투자자들은 종종 '이제는 손을 떼야 한다'는 객관적인 판단 대신, 끝없는 재투자를 통해 손실을 만회하려는 심리적 함정에 빠집니다. 미국의 심리학자 조지 아커로프는 "사람은 손실을 극복하기 위해 때때로 비합리적인 결정을 내린다"고 말한 바 있습니다. 원금 회복에 대한 집착은 결국 투자를 도박처럼 만들어 버리고, 원금 이상의 금액까지 끌어들이게 하는 요인이 됩니다.

사례 2. '공포와 탐욕'의 사이에서

또 다른 사례로는 한 고객의 이야기를 소개하고 싶습니다. 그는 몇 년간 금융 전문가들과 상담을 하며 안정적인 투자 스타일을 유지했던 분이었습니다. 그러나 주변의 사람들이 주식으로 수익을 크게 냈다는 소식을 들으면서 그의 마음이 흔들리기 시작했습니다. 그는 자신도 높은 수익을 얻어야 한다는 생각에 빠져 주식 시장에 더 깊이 뛰어들었고, 매일같이 거래를 하기 시작했습니다.

처음에는 작은 수익을 내면서 자신감을 얻었지만, 곧 시장의 급격한 하락으로 인해 큰 손실을 경험하게 되었습니다. 이때 그에게 찾아온 것은 극심한 공포였습니다. '이대로 모든 것을 잃게 되지 않을까'라는 불안감이 그를 괴롭혔고, 손실을 만회하기 위해 다시 위험한 종목에 투자하게 되었습니다. 투자자들은 일반적으로 공포와 탐욕 사이에서 끊임없이 흔들리며, 이는 객관적인 판단을 흐리게 만듭니다. 이 고객은 자신이 두려움에 사로잡혀 비합리적인 결정을 내리고 있다는 것을 알고 있었지만, 이러한 감정을 통제할 수 없었습니다.

매일같이 주식의 등락에 따라 기뻐했다가 절망하는 생활을 반복하다 보니, 그의 건강에도 이상 신호가 나타나기 시작했습니다. 아침마다 불안감에 몸이 떨리고, 밤에는 제대로 잠을 이루지 못해 건강이 점점 악화되었습니다. 주식 투자로 얻은 작은 이익보다도 더 큰 손실은 그의 정신적, 신체적 건강이었습니다.

사례 3. 가족과의 관계를 잃은 투자자

최근 상담을 통해 만난 한 고객은 주식 중독이 가족에게 얼마나 큰 영향을 미칠 수 있는지를 보여 주는 사례입니다. 그는 오랫동안 주식 투자를 해 왔고, 큰 수익을 내기도 했습니다. 하지만 시간이 지나면서 그에게는 오직 돈과 투자 외에는 다른 것이 보이지 않게 되었습니다. 휴일에도 가족과 시간을 보내기보다는 차트를 분석하고, 경제 뉴스를 보는 것이 그의 일상이 되었습니다.

아내와 자녀들은 그가 점점 멀어지는 것을 느꼈지만, 그는 자신의 투자 생활이 가족에게 더 나은 삶을 제공하기 위한 것이라는 자기 합리화에 빠져 있었습니다. 그러나 자녀의 중요한 행사에도 얼굴을 비추지 못하고, 아내와의 대화에서도 늘 경제와 주식 이야기만 하는 그의 모습에 가족들은 서서히 지쳐 갔습니다. 결국 그의 아내는 이혼을 고려할 정도로 그에게서 멀어졌고, 자녀들도 아버지에 대한 신뢰를 잃어 갔습니다.

금융 투자자 존 보글은 "투자는 삶의 일부가 되어야 하지만, 삶 자체가 되어서는 안 된다"고 말했습니다. 투자 중독은 개인의 삶뿐만 아니라 주변 사람들에게도 깊은 상처를 남깁니다. 특히 가족 관계는 신뢰와 소통을 바탕으로 유지되는 관계인데, 주식 중독은 이런 소중한 관계들을 파괴하게 만듭니다.

주식 중독의
심리적 메커니즘

주식 중독은 단순한 경제적 손실을 넘어 심리적 메커니즘이 매우 깊이 관여하는 문제입니다. 주식 시장에서 손실을 경험한 사람들은 '잃어버린 것을 반드시 되찾겠다'는 심리에 빠져들기 쉽습니다. 이는 도박 중독과 매우 유사한 양상으로, 빠른 시간 안에 큰 성과를 내고자 하는 욕구가 자극이 되어 감정적인 판단을 하게 만듭니다. 특히 손실을 회복하려는 욕구와 승부욕은 투자자에게 심리적 압박을 주고, 더 큰 리스크를 감수하게 만듭니다.

심리학자 캐롤 카바트 박사는 "중독은 단순히 반복적인 행동이 아니라, 그 행동을 통해 얻고자 하는 심리적 보상에 의존하는 것"이라고 말합니다. 주식 중독자들은 손실을 복구하고, 승부에서 이기는 순간적인 쾌감을 중시하게 되어 주식 시장을 벗어나지 못하게 됩니다.

주식 중독에서
벗어나는 방법

주식 중독에서 벗어나기 위해서는 다음과 같은 방법을 고려할 수 있습니다.

1. 자신의 투자 목표를 명확히 하기

투자 목표가 불분명하면 중독에 빠질 가능성이 큽니다. 무엇을 위해 투자하는지를 분명히 하고, 그 목표를 넘어설 경우 투자 규모를 줄이거나 멈추는 것이 중요합니다.

2. 정기적으로 휴식 기간을 보내기

주식 시장에서 완전히 벗어나 한동안 자신을 돌아보는 시간을 보내는 것이 필요합니다. 이 기간 동안 차트나 뉴스를 보지 않고, 오로지 자신만의 시간을 보내며 투자 외적인 삶을 경험해 보는 것이 좋습니다.

3. 소액으로 다양한 포트폴리오를 운영하기

고수익을 노리는 대신, 안정적인 수익을 목표로 분산 투자를 하는 것이 주식 중독을 예방하는 데 도움이 됩니다. 모든 자산을 한 종목에 '몰빵'하는 것은 중독을 유발할 가능성이 높습니다.

4. 전문가와 상담하기

주식 중독은 본인의 힘만으로는 극복하기 어려운 경우가 많습니다. 금융 상담사나 심리 전문가의 도움을 받아 자신의 심리 상태를 점검하고, 필요한 조언을 얻는 것이 도움이 됩니다.

주식 투자 자체는 나쁜 것이 아닙니다. 하지만 그에 집착하고 지나친 기대를 갖는 순간, 우리는 주식 중독이라는 위험에 빠지게 됩니다. 명확한 목표와 균형 잡힌 생활을 유지하면서 투자할 때, 우리는 주식 시장뿐 아니라 삶에서도 긍정적인 성과를 얻을 수 있을 것입니다.

"부자가 되고 싶다면 투자로 생기는 수익을 어떻게 활용할지에 대해 고민하라"는 워런 버핏의 말은 재테크를 고민하던 많은 사람들에게 큰 영감을 주었습니다. 특히 매월 안정적으로 배당 수익이 들어오는 월지급식 배당형 ETF(Exchange Traded Fund)를 통해 자산을 형성하고, 이로 인해 경제적 자립을 이룬 사람들의 이야기는 주식이나 채권 투자만으로는 만족스럽지 못했던 사람들에게 새로운 재테크 방법을 제시하고 있습니다.

한 직장인의 이야기
: 경제적 안정을 찾아서

김성준 씨(가명)는 중견기업에서 일하는 직장인으로, 10

여 년간 성실히 일하며 생활해 왔습니다. 하지만 결혼과 자녀 출산으로 인해 가계의 지출은 점차 늘어났고, 직장에서의 소득만으로는 점점 생활이 빠듯해져 갔습니다. 더구나 퇴직 후의 삶에 대한 불안감은 그를 더욱 재테크의 길로 이끌었습니다.

"퇴직하면 소득이 끊기는데, 그때를 대비해 어떤 준비가 필요할지 막막했어요. 그래서 안정적인 소득을 제공할 방법을 찾기 시작했죠."

김성준 씨는 주식 투자에 대한 기본적인 지식은 있었지만, 주식 시장의 변동성을 감당하기는 어려웠습니다. 매일 주가에 일희일비하며 큰 변동을 겪는 주식보다는 비교적 안정적인 수익을 보장해 줄 수 있는 투자처가 필요했습니다.

월지급식 배당형 ETF 발견

이때 우연히 알게 된 것이 월지급식 배당형 ETF였습니다. 월지급식 ETF는 매월 일정한 배당금을 지급해 주기 때문에 은퇴 후에 소득원이 부족한 사람들에게 매우 유용합니다. 김성준 씨는 월지급식 배당형 ETF를 통해 매달 일정한 수익이 발생하면 퇴직 후 생활비를 안정적으로 확보할 수 있을 것이라는 생각이 들었습니다.

> "마치 월급처럼 매달 일정한 수입이 들어오는 것이 매력적이었어요. 큰 욕심 없이 적정한 수익만을 기대하고 안정적으로 자산을 늘려 가는 방식이 저에게 딱 맞았죠."

그는 월지급식 ETF에 조금씩 자금을 투자해 나가기 시작했습니다. 기존 자산 중 일부를 매달 ETF에 추가로 투자하며 자산을 불려 나갔고, 꾸준히 배당을 통해 수익을 쌓아 갔습니다.

경제적 어려움을 이겨 낸 배당금의 힘

김성준 씨는 처음에는 소액으로 ETF 투자를 시작했지만, 월지급 배당이 들어오면서부터는 투자를 조금씩 늘려 갔습니다. 배당금으로 생활비 일부를 충당하면서 가계의 압박을 덜 수 있었고, 경제적 여유가 생기자 마음의 안정도 되찾았습니다. 특히 자녀의 교육비와 생활비를 배당금으로 지원할 수 있다는 점이 그에게는 큰 안도감으로 다가왔습니다.

> "이제는 매달 들어오는 배당금이 생활비에 큰 도움이 돼요. 다른 자산을 매도하거나 대출에 의존하지 않아도 될 만큼 안정적인 수익원이 생긴 거죠. 적지 않은 돈이 매달 들어오니 은퇴 후에도 걱정이 덜한 느낌이에요."

한 달에 들어오는 배당금이 생활비의 상당 부분을 차지하면서, 그는 퇴직 이후의 삶에 대한 불안감이 줄어들었습니다.

> "고정 지출을 감당할 수 있는 안정적인 수입원이 생긴다는 것은 정말 커다란 안심이었습니다."

김성준 씨는 월지급식 ETF가 준 경제적 안정감에 대해 이렇게 표현했습니다.

배당금 활용의 지혜
: 생활비를 넘어서 자산으로

김성준 씨는 단순히 배당금으로 생활비를 충당하는 데서 그치지 않고, 일부 배당금은 재투자하기로 마음먹었습니다. 이렇게 재투자한 자금은 또다시 배당을 발생시키며 자산을 더 빠르게 불려 나갈 수 있었습니다.

> "생각보다 배당금이 생활비로만 나가는 것이 아니라, 일부를 재투자할 수 있다는 점이 놀라웠어요. 배당을 통한 자산 증식이 이렇게 빠르게 이뤄질 줄은 몰랐습니다."

그는 매달 일정 부분은 생활비로 활용하고, 나머지는 ETF에 재투자하면서 복리의 힘을 실감하게 되었습니다. 이로 인해 자산은 더욱 빠르게 증가했고, 장기적으로 안정적인 경제적 기반을 쌓을 수 있게 되었습니다.

월지급식 ETF가 준 삶의 여유와 자유

ETF의 장점은 단순히 배당금 수령에만 있는 것이 아닙니다. 김성준 씨는 자신의 투자 자산이 ETF로 분산되어 있어, 개별 종목의 변동성에 영향을 덜 받는다는 점도 큰 매력으로 여겼습니다. 이는 일반 주식 투자와 달리 매달 들어오는 배당 수익이 일정하다는 점에서 더욱 마음의 평안을 가져다 주었습니다.

"주식과 다르게 큰 변동이 있고, 매달 안정적인 배당 수익을 준다는 점에서 정말 만족스러워요. 게다가 특정 산업이나 섹터에 치중하지 않고 ETF가 다양한 종목으로 구성되어 있어 위험이 적은 편이라 더 마음이 놓이죠."

또한, 월지급식 ETF 덕분에 은퇴 후에도 여유 있는 삶을 설계할 수 있었습니다. 매달 들어오는 배당금 덕분에 여행이나 취미 생활을 즐길 수 있는 여유가 생겼고, 경제적 자유를 어느 정도 실현할 수 있었던 것입니다. 김성준 씨는 "노후에 큰 자산을 마련하지 않더라도 매달 배당금이 들어오면 생활이 가능할 것이라는 확신이 든다"며 만족스러워했습니다.

ETF 투자에서 얻은 교훈과 조언

김성준 씨는 월지급식 ETF를 통해 많은 교훈을 얻었습니다. 그는 안정적인 배당 수익이 제공하는 경제적 여유가 삶의 질을 크게 향상시킬 수 있음을 깨달았습니다. 주식 시장의 단기 변동에 휘둘리지 않고 꾸준히 ETF에 투자하면서 자산을 모아 가던 그는, 무엇보다도 장기적이고 일관된 투자의 중요성을 실감하게 되었습니다.

> "욕심부리지 않고 꾸준히 투자하는 것이 결국 안정적인 경제적 기반을 만드는 길이라는 생각이 들었어요. 매달 소득이 안정적으로 들어오면 마음의 여유가 생기고, 돈 때문에 크게 불안해하지 않게 되죠."

김성준 씨는 이를 통해 많은 사람들에게 월지급식 배당형 ETF의 장점을 알리고 싶다고 말했습니다. 특히 은퇴를 앞두고 있거나 퇴직 후에도 일정한 수입을 원하는 사람들에게 월지급식 ETF는 매우 유용한 선택이 될 수 있다고 조언했습니다.

김성준 씨의 사례는 월지급식 배당형 ETF가 어떻게 경제적 자립과 안정감을 제공할 수 있는지를 잘 보여 줍니다. 그는 배당금이 단순히 생활비를 충당하는 수준을 넘어, 여유 자금을 자산으로 재투자하며 경제적 독립을 향해 나아갔습니다. 또한, 장기적이고 일관된 투자의 중요성을 몸소 체감하면서, 그동안 모은 자산을 통해 경제적 여유를 갖게 되었습니다.

  많은 사람들이 주식 시장에서 단기적 성과를 추구하기보다는 김성준 씨처럼 꾸준히, 그리고 안정적인 배당 수익을 노리는 투자 방식을 통해 장기적 자산 증식을 목표로 하는 것도 좋은 선택이 될 수 있습니다. 월지급식 배당형 ETF는 그의 경제적 독립을 실현해 준 도구이자, 미래를 설계하는 중요한 기반이 되었습니다.

20장

절세계좌를 활용한
스마트한 재테크

**절세계좌를 활용하여
세금과 자산 관리를 한 번에**

"성공적인 투자는 돈을 잘 버는 것이 아니라, 돈을 어떻게 잘 관리하는가에 달려 있다."

"자신의 자산을 관리하는 것은 부자가 되기 위한 길이 아니라, 재정적 독립과 안정을 확보하기 위한 필수 과정이다."

– 워런 버핏

재테크에 있어서 절세는 매우 중요한 부분입니다. 투자 수익률이 아무리 높아도 세금을 고려하지 않으면 실제로 손에 쥐는 수익은 줄어들기 때문입니다. 특히 대한민국에서는 ISA, 연금저축, 비과세저축계좌 등의 절세계좌가 다양한 형태로 제공되어, 재테크 목표와 투자 성향에 맞춰 세금을 절감하고 자산을 안정적으로 늘려 갈 수 있는 방법들이 마련되어 있습니다.

1. ISA(Individual Savings Account)

▶ ISA의 장점
- **세제혜택**: ISA 계좌에 투자한 상품의 수익 중 최대 200만 원(서민형은 400만 원)까지 비과세 혜택이 주어집니다. 비과세 한도를 초과하는 수익에 대해서도 9.9%로 낮은 세율이 적용됩니다.
- **투자 다각화**: ISA 계좌 내에서는 주식, 펀드, 채권 등 다양한 금융 상품에 투자할 수 있어, 계좌 내에서 자산을 분산 투자하는 것이 가능합니다.
- **활용도 높은 계좌**: 5년 이상 장기 투자 시 절세 효과가

극대화되며, 단기 수익을 추구하는 투자자에게도 유리할 수 있습니다.

▶ ISA의 단점
- **한도 제한**: 연간 납입 한도는 2,000만 원으로 제한되어 있습니다.
- **해지 시 세제 혜택 소멸**: 5년 이상 유지하지 않고 중도 해지할 경우, 비과세 혜택이 소멸되고 원래의 세율이 적용됩니다.

2. 연금저축

▶ 연금저축의 장점
- **세액공제 혜택**: 연간 납입액의 최대 700만 원까지 세액공제를 받을 수 있으며, 고소득자는 최대 115만 5천 원까지 절세 효과를 볼 수 있습니다.
- **은퇴 준비**: 장기적으로 자산을 늘리고 은퇴 후 생활자금으로 사용할 수 있는 좋은 방법입니다.
- **다양한 투자상품**: 연금저축 계좌 내에서도 다양한 펀

드, 주식, 채권 등에 투자할 수 있습니다.

▶ **연금저축의 단점**
- **중도 인출 제한**: 연금 형태로 일정 시점 이후에만 수령이 가능하며, 중도 인출 시 큰 불이익이 따릅니다.
- **수익에 대한 과세**: 연금 수령 시점에 소득세가 부과되어 실수령액이 줄어들 수 있습니다.

3. 비과세저축계좌

▶ **비과세저축계좌의 장점**
- **수익에 대한 완전 비과세**: 이 계좌에서 발생한 모든 수익에 대해 완전 비과세가 적용됩니다.
- **적립금 한도**: 고액 투자자들에게는 한도가 다소 제한적일 수 있지만, 서민에게는 적립금의 한도가 비교적 유리합니다.

▶ **비과세저축계좌의 단점**
- **중도 해지 시 혜택 상실**: 중도 해지 시 비과세 혜택이

소멸될 수 있어 장기 투자가 필수적입니다.
- **제한적인 투자 상품**: 투자 상품의 다양성이 떨어져, 다른 계좌에 비해 투자 기회가 적을 수 있습니다.

절세계좌를 통한 재테크 사례

사례 1. 은퇴 준비를 위한 연금저축 활용

40대 초반의 직장인 김현수 씨(가명)는 노후 자금 마련을 위해 연금저축 계좌를 활용하기로 결정했습니다. 매년 최대 한도인 700만 원을 납입하면서 세액공제 혜택을 받았고, 계좌 내에서는 안정적인 채권과 성장성이 높은 주식형 펀드에 나눠 투자하였습니다. 김현수 씨는 매년 세액공제 혜택을 받음과 동시에 연금 수령 시점에 대비해 장기적으로 자산을 불려 가는 방법을 선택했습니다. 김 씨는 연금저축을 통해 노후에 필요한 자금을 차곡차곡 마련하며, 안정적인 은퇴 생활에 대한 꿈을 키워 가고 있습니다.

"돈을 모으는 것은 현재의 나에게 가장 좋은 투자인 동시에 미래의 나를 위한 가장 확실한 준비이다."

사례 2. 단기 수익과 안정성을 추구한 ISA 활용

직장인 이지은 씨(가명)는 ISA 계좌를 통해 투자 수익을 늘리고자 했습니다. 매년 ISA 계좌에 1,000만 원을 납입하면서 주식과 채권형 펀드를 고루 섞어 투자하였습니다. 이 씨는 ISA를 통해 단기적으로는 주식형 펀드를 통해 수익을 올리고, 장기적으로는 채권형 펀드로 자산을 안정적으로 유지하면서 소득세를 줄였습니다.

"꾸준히 성장하는 투자는 한 번의 큰 수익보다 훨씬 큰 의미가 있다. 이는 안정적인 자산을 만들어 주기 때문이다."

사례 3. 자녀의 교육비 마련을 위한 비과세저축계좌 활용

아이의 교육비를 미리 준비해 두고자 하는 주부 박정민

씨(가명)는 비과세저축계좌를 통해 자녀 교육비를 마련하였습니다. 매달 20만 원씩 꾸준히 납입하며 저축한 자금이 비과세 혜택을 받으면서 불어났습니다. 몇 년 뒤, 박 씨는 예기치 않은 지출이 필요할 때 이 자금을 활용하여 자녀의 교육비와 학원비 등 필요 비용을 충당할 수 있었습니다.

"자녀의 미래를 위해 모은 돈은 단순한 자산이 아니라, 사랑과 책임의 증표다."

절세계좌 활용 방안

1. ISA를 통한 단기·중기 투자와 절세

ISA 계좌는 연간 2,000만 원까지 납입할 수 있어 단기 및 중기 투자를 원하는 사람에게 적합합니다.

이를 통해 다양한 자산에 투자하면서 발생하는 이익에 대한 세금을 줄일 수 있어, 자산을 효율적으로 불려 갈 수 있습니다.

특히, ISA 계좌를 장기적으로 유지하면서 단기적 수익을 추구할 수 있는 주식형 펀드나 중장기적 수익을 추구할 수 있는 채권형 펀드 등에 투자하여 안정적인 자산 증식을 이룰 수 있습니다.

2. 연금저축으로 노후 대비

연금저축 계좌는 은퇴 준비에 매우 유용합니다. 매년 최대 700만 원까지 세액공제를 받을 수 있어 고소득자에게 특히 유리합니다.

채권형 펀드와 안정적인 배당주를 연금저축 계좌 내에 담아, 연금 수령 시 안정적인 소득을 확보할 수 있도록 합니다.

은퇴 후에도 연금 수령 시기에 맞춰 자산을 배분할 수 있어, 노후 생활비로 사용하기에 좋습니다.

3. 비과세저축계좌를 활용한 장기적 자산 형성

비과세저축계좌는 수익에 대한 세금이 면제되기 때문에 장기적으로 자산을 늘리기에 좋습니다.

장기적인 목표(예: 자녀 교육비, 주택 마련 자금)로 저축을 원한다면 이 계좌를 활용하여 절세와 자산 증식을 동시에 도모할 수 있습니다.

다만 중도 해지 시 비과세 혜택이 소멸될 수 있으므로, 장기적 목표를 가지고 운영하는 것이 중요합니다.

절세계좌를 활용한 재테크에 대한 조언

재테크를 통해 절세 효과를 누리는 것은 자산 형성의 중요한 전략 중 하나입니다. 고수익을 기대할 수 있는 자산에 투자하는 것도 중요하지만, 세금을 줄이고 안정적인 수익을 얻기 위해 절세계좌를 현명하게 활용하는 것도 필요합니다.

21장
성공적인 증여와 상속 전략

증여와 상속의 의미와 접근법

"자식에게 물고기를 주지 말고, 물고기 잡는 법을 가르쳐라"

증여와 상속은 단순히 자산을 이전하는 행위가 아닌, 가족의 가치와 철학을 다음 세대로 전달하는 것입니다. 이 과정은 법적, 세무적 준비가 필요할 뿐만 아니라, 가족 구성원의 경제적 독립성과 미래를 생각하는 태도도 포함됩니다. "자식에게 물고기를 주지 말고, 물고기 잡는 법을 가르쳐라"는 격언처럼, 물려줄 자산의 크기보다 자산을 책임 있게 관리하고 이해할 수 있는 준비가 중요합니다.

이 장에서는 다양한 사례와 금융적 접근 방안을 통해 증여와 상속의 성공 및 실패 사례를 구체적으로 살펴보고자 합니다.

성공적인 증여와 상속 사례

사례 1. 조기 증여를 통해 세금을 절감한 기업가 A 씨

A 씨는 자녀에게 자산을 이전하는 데 있어 세금 부담을 줄이고 싶었습니다. 조기 증여가 상속세를 크게 절감할 수 있다는 것을 알게 된 A 씨는 자녀들이 성인이 되어 독립할 때마다 자산을 조금씩 증여했습니다. 이렇게 함으로써 자산을 한 번에 이전할 때보다 **증여세 부담을 분산하여 절세 효과**를 누릴 수 있었습니다.

또한, A 씨는 사업 지분의 일부를 자녀에게 증여하여 자녀들이 경영을 미리 경험하게 하고, 사업의 성장을 이끌 수 있도록 독립성을 키워 주었습니다. **사업 지분의 증여는 상**

속세 부담을 줄일 뿐만 아니라 자녀들이 경영에 필요한 책임감을 갖도록 돕는 효과가 있습니다. 실제로 A 씨의 자녀들은 부모의 경영 철학을 이어받아 사업을 더욱 확장시키며 성공적으로 물려받았습니다.

이 사례는 증여가 단지 자산을 물려주는 것 이상의 의미를 갖는다는 것을 보여 줍니다. 조기 증여를 통해 자녀에게 경영의 책임을 미리 부여함으로써, 자산뿐만 아니라 자산을 다룰 수 있는 능력과 책임감도 함께 물려줄 수 있었습니다.

"준비된 자산 이전이 가족을 더욱 굳건하게 한다."

사례 2. 자녀의 경제 교육과 증여를 연계한 B 씨

B 씨는 단순히 자산을 증여하는 것보다는 자녀들이 자산을 제대로 이해하고 관리할 수 있도록 경제 교육을 먼저 실시했습니다. 그는 자녀가 성인이 될 때마다 소액의 자산을 증여하면서, 이를 주식이나 펀드와 같은 금융 상품으로 운용하도록 했습니다. **경제적 책임감을 심어 주는 증여**의 효과는 시간이 지나면서 점점 더 뚜렷하게 나타났습니다. 자

녀들은 실질적인 경제 활동과 투자 경험을 통해 자산의 소중함과 책임감을 체득했습니다.

특히, B 씨는 자녀들에게 "자산을 다룰 줄 아는 능력이야말로 진정한 부다"라는 교훈을 전달했습니다. 자산을 관리할 수 있는 능력과 올바른 경제 가치관을 키워 주기 위해 주식과 펀드에 투자하는 법을 가르쳤고, 자녀들이 실패를 통해 배우도록 격려했습니다. 이는 자녀들이 독립적인 경제 주체로 성장하는 데 큰 도움이 되었습니다.

이 사례는 자산 관리 능력을 갖춘 자녀들에게 증여가 더욱 긍정적으로 작용할 수 있다는 것을 보여줍니다. 자산을 물려주기 전, **자녀가 자산을 올바르게 다룰 수 있도록 교육하는 것의 중요성**을 다시금 상기시켜 줍니다.

> "물려주는 것이 전부가 아니다. 자산을 다룰 줄 아는 능력을 함께 물려줘야 한다."

실패 사례와 교훈

사례 1. 상속 계획 부재로 인한 가족 분쟁

C 씨는 평생을 열심히 일해 상당한 자산을 모았지만, 증여와 상속 계획을 세우지 않은 채 갑작스러운 사고로 세상을 떠났습니다. 상속 계획이 없었던 그의 유산은 **상속세 문제와 함께 가족 간의 분쟁**을 불러왔습니다. 유산 상속 절차가 복잡해지고, 자산을 어떻게 분배할 것인지 의견이 엇갈리며 가족 내 갈등이 커졌습니다. 그 결과 상속된 자산의 절반은 상속세와 소송비용 등으로 소모되었고, 나머지 자산도 가족들 간의 불화로 인해 온전히 보존되지 못했습니다.

이 사례는 **계획 없는 상속이 가져올 수 있는 부정적 결과**를 잘 보여 줍니다. 상속은 단순한 자산 이전이 아니라 가족 간의 유대와 화합을 위한 중요한 과정입니다. 상속 계획을 세우지 않고 사망하면 자산이 효율적으로 분배되지 못할 뿐만 아니라, 가족 구성원 간의 신뢰와 관계에도 큰 영향을 미칠 수 있습니다.

"유산을 남기는 것은 중요하지 않다. 올바르게 남기는 것이 중요하다."

사례 2. 준비 없는 증여로 자산을 낭비한 자녀들

D 씨는 상속세를 줄이기 위해 자녀들에게 자산을 일찍 증여했습니다. 그러나 자녀들은 자산 관리 경험이 전무한 상태에서 증여를 받았고, 이를 제대로 관리하지 못했습니다. 무리한 투자와 소비로 인해 대부분의 자산을 잃게 되면서, D 씨의 증여는 자녀들에게 장기적인 혜택을 주지 못한 실패한 사례가 되었습니다.

이 사례에서 중요한 점은 **준비되지 않은 자산 증여가 오히려 자녀들에게 경제적 부담을 가중시킬 수 있다**는 것입니다. 자산을 관리할 준비가 되어 있지 않은 자녀에게 자산을 물려줄 경우, 이는 긍정적인 유산이 아닌 오히려 경제적 문제로 번질 수 있습니다. D씨의 경우처럼 자산을 물려줄 때는 자녀의 자산 관리 능력과 책임감을 고려해야 합니다.

"준비되지 않은 사람에게 물려준 유산은 곧 사라진다."

증여와 상속에 도움이 되는
금융적 접근법과 절세 전략

성공적인 증여와 상속을 위해서는 자산을 보다 체계적으로 관리할 필요가 있습니다. 이를 위해 금융 상품을 활용하거나 절세 전략을 사용하는 것이 중요합니다.

1. 조기 증여와 분산 증여

조기 증여는 자산이 크게 증가하기 전에 일부를 이전하여 **증여세와 상속세 부담을 줄이는 방법**입니다. 예를 들어, 자녀가 대학에 입학할 때나 첫 직장을 구할 때 자산 일부를 증여하면 자녀의 경제적 독립을 도울 뿐만 아니라, 자산이 커지기 전에 증여를 함으로써 세금을 낮출 수 있습니다.

2. 금융 상품을 통한 자산 이전

연금 상품이나 보험 상품을 활용하여 자산을 이전하면 자녀들이 보다 안정적인 자산을 보유하게 됩니다. 예를 들어,

연금 보험을 활용하면 매월 고정적인 소득이 발생하므로 자녀들이 장기적으로 경제적 안정을 유지할 수 있습니다. 또한, **보험 상품을 통한 사망보험금 지급**은 상속세의 일부를 충당하는 데 유리할 수 있습니다.

3. 신탁을 통한 자산 관리와 분배

신탁은 자산을 관리하고, 일정한 조건에 따라 자산을 분배하는 구조로, 자녀가 성숙해지기 전까지 자산을 보호할 수 있는 방법입니다. 예를 들어, 부모가 사망한 후 자녀가 성인이 될 때까지 자산을 신탁하여 보호하면, 자녀가 준비가 되었을 때만 자산이 분배되도록 할 수 있습니다. 이러한 **신탁 방식은 자산 보호와 분배에 유연성을 제공**하며, 가족 간 갈등을 줄이는 데 도움이 됩니다.

"준비된 계획만이 다음 세대에게 건강한 부를 물려준다."

증여와 상속을 통한
재정적 성공과 실패에 대한 교훈

증여와 상속은 단순히 자산을 넘기는 것이 아니라, 자산을 통해 가정의 가치와 철학을 전달하는 과정입니다. 성공적인 증여와 상속을 위해서는 자산을 물려받을 사람의 경제적 준비도 중요하며, 조기 증여와 단계적 증여, 금융 상품 활용과 같은 다양한 절세 전략이 필요합니다.

성공적인 증여와 상속은 자녀에게 자산뿐만 아니라 경제적 독립성과 책임감을 함께 물려주는 과정임을 잊지 말아야 합니다.

22장

연령별 맞춤형 금융 교육

"돈을 관리하는 법을 배우지 못한다면, 돈은 반드시 너를 관리할 것이다."

– 데이브 램지

자녀들의 금융 교육은 단순히 돈을 잘 모으고 불리는 기술을 배우는 것에 그치지 않고, 돈을 통해 책임감과 미래를 설계할 수 있는 힘을 길러 주는 데 목적이 있습니다. 나이와 발달 단계에 맞게 금융지식을 습득하도록 돕는 것이 중요합니다. 이 장에서는 연령별로 필요한 금융 지식과 구체적인 실천 방법들을 단계별로 정리했습니다. 각 연령 단계에 맞는 격언과 함께 사례를 곁들여 설명해 드리겠습니다.

초등학교
: 기초 금융 개념과 돈의 가치 이해하기

초등학교 시기의 금융 교육은 돈의 개념과 가치, 그리고 간단한 저축과 지출의 개념을 가르치는 것이 좋습니다. 이 시기의 아이들에게는 경제 활동의 기본 개념을 쉽게 이해시키고, 돈이 무한하지 않다는 점을 가르치는 것이 중요합니다.

"절약은 번영으로 가는 첫걸음이다."

– 벤자민 프랭클린

실천 방법

1. 용돈 관리 훈련

매주 일정 금액의 용돈을 주고, 이를 분배하여 사용하게 해 보세요. 예를 들어, 용돈을 나누어 저축, 소비, 기부 등의 항목으로 분류하게 하여 돈의 역할을 이해하게 합니다.

2. 저금통 활용하기

집에서 저금통을 활용해 보세요. 아이가 목표 금액을 정하고 저축하는 경험을 통해 목표 달성을 위한 절제와 기쁨을 느낄 수 있게 됩니다.

3. 가족 쇼핑 동행

장을 보러 갈 때 아이와 함께 예산을 정하고 필요한 것과 불필요한 것을 구별하는 법을 알려 주세요. 구매 결정을 할 때 그 이유를 설명해 주면 아이가 구매와 소비의 관계를 이해할 수 있습니다.

사례

아이에게 한 달에 한 번 장난감 하나를 고를 수 있는 기회를 주고, 그 과정에서 가격 비교를 하도록 해 보세요. 이를 통해 아이는 비싼 장난감을 기다리거나 저렴한 장난감을 여러 개 고르는 등, 스스로 결정을 내리게 되고 소비의 책임을 배울 수 있습니다.

중학교
: 예산 관리와 기본적인 금융 개념 배우기

중학생은 더 구체적인 금융 개념을 이해할 준비가 되어 있습니다. 이 시기에는 예산의 개념을 배우고, 일정 금액을 어떻게 나누어 사용할지 계획할 수 있도록 도와줍니다.

> "돈을 관리하는 법을 배우지 못한다면, 돈은 반드시 너를 관리할 것이다."
> – 데이브 램지

실천 방법

1. 목표 설정 후 저축

중학생에게는 작은 목표를 정해 돈을 모으도록 하는 것이 좋습니다. 예를 들어, 새로운 운동화나 가전 제품을 사고 싶다면 매달 얼마씩 저축해야 하는지 계산하게 해 보세요.

2. 가상 은행 계좌 만들기

가정 내에서 가상의 은행 계좌를 만들어 부모가 지급하는 용돈을 입금하고, 이를 통해 출금, 저축 등의 개념을 경험해 볼 수 있도록 해 주세요.

3. 필요와 욕구 구별하기

아이에게 필요한 것과 원하는 것을 나누어 보게 하고, 필요에 우선순위를 두는 훈련을 하도록 합니다.

사례

한 중학생이 게임기를 사기 위해 용돈을 모으기로 합니다. 매달 일정 금액을 저축하기로 하고 이를 기록해 나가는 과정을 통해, 아이는 목표 달성을 위한 계획의 중요성과 성취감을 느낄 수 있습니다.

고등학교
: 투자와 금융 상품에 대한 기본 이해

고등학생은 더 복잡한 금융 개념과 투자에 대해 배울 수 있는 시기입니다. 이 시기에는 예산의 세부 관리, 투자에 대한 기본 개념을 알려 줌으로써 자산 관리의 기초를 마련할 수 있습니다.

> "당신의 돈이 일하게 만들지 않으면, 당신이 평생 돈을 위해 일해야 한다."
> — 존 록펠러

실천 방법

1. 가상 주식 투자

가상 주식 계좌를 만들어 경제신문을 보며 주가 변동에 대해 학습하게 해 보세요. 소액으로 실제 투자를 해 보게 하는 것도 좋은 방법입니다.

2. 복리의 개념 이해

복리의 힘을 설명하고, 작은 금액이라도 장기적으로 투자할 때 큰 효과가 있다는 것을 가르쳐 주세요. 예를 들어, 예금과 적금, 펀드 등의 개념을 간단히 설명해 주면 좋습니다.

3. 예산 작성과 지출 기록하기

고등학생은 자기 용돈을 관리할 수 있도록 예산을 세우고, 월말에 지출을 검토하는 습관을 들이게 합니다.

사례

한 고등학생이 주식 시장에 관심을 가지게 되어 소액으로 투자해 보았습니다. 이 과정에서 주식의 가치 변동을 경험하면서 위험과 수익의 관계를 이해하게 되었고, 무리한 투자는 피하는 것이 중요하다는 점을 배울 수 있었습니다.

대학교
: 자산 관리와 금융 계획 수립

대학생이 되면 더 구체적인 자산 관리와 금융 계획을 세워야 합니다. 이 시기에는 예산 관리뿐 아니라, 학자금 대출 상환 계획, 신용카드의 올바른 사용 방법 등을 배우는 것이 중요합니다.

"푼돈을 소중히 여기는 자가 큰돈을 다룰 수 있다."
— 워런 버핏

실천 방법

1. 신용 관리 교육

신용카드를 사용할 때 주의할 점을 가르치고, 이를 통해 신용 점수를 어떻게 관리해야 하는지 설명해 줍니다.

2. 학자금 대출과 상환 계획 세우기

학자금 대출을 받은 경우 상환 계획을 세우고, 대출 상환의 중요성을 강조해 줍니다. 학자금을 갚아 나가는 책임감을 배우게 됩니다.

3. 자산 포트폴리오 구성 실습

소액으로 다양한 금융 상품에 투자해 보며 자산을 어떻게 구성할지 배우게 합니다. ETF나 적립식 펀드 등을 활용해 분산 투자 방법을 알려 줍니다.

사례

대학생이 월 5만 원씩 꾸준히 적립식 펀드에 투자해 보면서 장기 투자와 복리의 힘을 경험하게 됩니다. 이후 4년간 모은 돈이 생각보다 크게 불어나는 것을 보며 자산 관리의 중요성을 깨닫게 됩니다.

성인
: 재정 독립과 장기적인 자산 관리

성인이 되면 독립적인 금융 생활을 시작하게 됩니다. 이 시기에는 장기적인 재정 계획, 은퇴 자산 마련, 보험 관리 등이 필수적입니다. 특히, 신용과 부채 관리를 통해 안정적인 재정을 유지할 수 있도록 해야 합니다.

"가장 확실한 미래를 예측하는 방법은 바로 그것을 창조하는 것이다."

– 피터 드러커

실천 방법

1. 장기 재정 목표 설정

주택 구입, 은퇴 자산 마련 등 장기 목표를 설정하고, 이를 위해 월 저축 금액을 설정하는 계획을 세웁니다.

2. 부채 관리와 신용 점수 유지

신용카드 사용 습관을 점검하고, 대출 상환 계획을 철저히 세워 부채를 효과적으로 관리하도록 합니다. 신용 점수를 유지하는 방법도 교육합니다.

3. 자산 포트폴리오 점검

다양한 금융 상품을 통해 자산을 분산하고, 꾸준히 재검토하여 포트폴리오를 조정하는 법을 가르칩니다.

사례

한 성인이 매월 일정 금액을 연금저축에 넣어 은퇴를 대비합니다. 처음에는 적은 금액이지만 시간이 지날수록 그 금액이 크게 늘어나며 노후 대비에 큰 안정을 느끼게 됩니다.

금융 교육은 자녀의 나이와 성숙도에 맞게 진행해야 하며, 경험을 통해 배우는 것이 가장 효과적입니다. 아이들은 부모의 경제적 습관을 보고 배우기 때문에 부모의 올바른 경제생활이 자녀의 재정적 성공에도 중요한 영향을 미칩니다.

23장

노후 대비를 위한 준비

"노후를 대비하지 않은 자는 이미 패배한 것과 다름없다."

– 에픽테토스

노년층의 증가와 함께 자산 관리의 중요성이 더욱 부각되고 있는 요즘, 올바른 금융 자산 포트폴리오 관리와 운용 방안은 그 어느 때보다 주목받고 있습니다. 노년층에게 자산 관리는 단순히 투자 이익을 위해서가 아니라, 인생 후반기를 안정적이고 품위 있게 보낼 수 있는 필수 요소입니다. 이를 위해서는 종합적이고 체계적인 접근이 필요합니다. 이 장에서 그 구체적인 방법과 관리 사례, 그리고 격언을 곁들여 자산 관리의 본질에 대해 설명드리겠습니다.

노년기 금융 자산 관리의 필요성

노년기에는 소득원이 줄어들거나 고정 소득으로 한정되는 경우가 많기 때문에, 일정한 현금 흐름을 안정적으로 유지하는 것이 중요합니다. 이에 따라 투자 위험을 최소화하면서도 안정적인 수익을 얻을 수 있는 포트폴리오 구성이 필요합니다.

"미래에 대한 대비는 지금의 선택에 달려 있다."
- 존 록펠러

이 격언처럼 노년층의 자산 관리는 단기적 수익보다는 안정성과 지속 가능성에 초점을 맞추는 것이 좋습니다.

노년층을 위한
올바른 포트폴리오 구성

1. 안정적인 현금 흐름을 위한 배당형 상품

고정적인 현금 흐름이 필요한 노년층에게는 배당형 주식이나 월지급식 ETF, 채권 등이 추천됩니다. 배당형 상품은 정기적인 배당을 통해 은퇴 생활에 필요한 생활비를 일정 부분 충당할 수 있습니다.

▶ 사례

한 70대 은퇴자는 자녀 교육에 상당한 자산을 소모한 후 은퇴를 맞아 불안해했습니다. 그러나 배당형 주식과 월지급식 ETF로 포트폴리오를 구성하여 매달 일정한 배당금을 확보했습니다. 이를 통해 매달 생활비를 일정 부분 충당하면서 경제적 안정을 유지할 수 있었습니다.

2. 안전 자산으로서의 채권 비중 확대

노년기에는 주식보다는 채권과 같은 안전 자산의 비중을 확대하는 것이 좋습니다. 특히, 물가 상승률과 연동되는 물가연동채권이나 정부 채권은 안전한 수익을 제공하며 자산 보호 효과도 있습니다.

> "절대 원금을 잃지 마라. 두 번째 원칙은 첫 번째 원칙을 잊지 말라."
>
> – 워런 버핏

이 말처럼 노년층의 자산 관리는 원금 보전이 매우 중요합니다. 특히 노년층은 재투자할 시간이 부족하므로, 원금 손실을 최소화할 수 있는 안정적인 채권 투자가 바람직합니다.

3. 인플레이션에 대비한 자산 포트폴리오

인플레이션은 노년층의 자산 가치를 갉아먹는 가장 큰 적입니다. 물가 상승률을 고려한 자산 관리가 필요하며, 일정 부분을 부동산 투자에 배분하여 인플레이션에 대비하는 것도 좋은 방법입니다. 최근에는 리츠(REITs)와 같은 간접 부동산 투자를 통해 자산을 운용하면서도 위험을 분산할 수 있습니다.

▶ 사례

한 노부부는 물가 상승으로 인해 생활비의 압박을 받자, 부동산 리츠에 투자하여 일정한 배당 수익을 얻었습니다. 이를 통해 물가 상승에 대비하고, 자산의 구매력을 유지할 수 있었습니다.

노년층 자산 관리의 핵심 원칙

1. 분산 투자로 리스크 최소화하기

노년층의 자산 포트폴리오는 단일 자산에 집중하지 않도록 분산 투자하는 것이 중요합니다. 주식, 채권, 현금성 자산, 부동산 등을 고르게 배분하여 시장 변동에 대한 위험을 줄일 수 있습니다.

"모든 달걀을 한 바구니에 담지 말라."

– 앤드류 카네기

분산 투자는 투자 리스크를 줄이는 데 효과적이며, 특히 노년층에게는 더 안정적인 자산 관리 방법이 될 수 있습니다.

2. 장기적인 시야로 자산 운용하기

노년층이라 하더라도 여전히 10년 이상의 시야를 갖고 자산을 운용해야 합니다. 예상 수명과 생활비를 고려하여 자산이 일정 기간 동안 안정적으로 유지되도록 해야 합니다.

▶ 사례

65세에 은퇴한 한 남성은 주식 투자가 위험하다는 생각에 전부 현금으로 보유하고 있었습니다. 하지만 물가 상승률을 고려하지 않은 탓에 10년 후 자산의 실질 가치는 큰 폭으로 줄어들었습니다. 이후 그는 전문가와 상담을 통해 주식, 채권, 부동산에 균형 잡힌 자산을 재배분하여 인플레이션에 대비할 수 있었습니다.

3. 상속 및 증여 계획 수립

노년기에는 자산의 보호와 함께 상속이나 증여에 대한 계획도 함께 세워야 합니다. 상속세와 증여세를 최소화하기 위해서는 전문가의 조언을 받아야 하며, 미리 계획을 세워 실행하는 것이 좋습니다.

"준비는 성공의 열쇠다."

- 알렉산더 그레이엄 벨

미리 준비하고 체계적으로 상속 계획을 세우는 것은 자녀들에게도 도움이 되며, 가족 전체의 자산을 보호할 수 있는 중요한 방법입니다.

노년층 자산 관리 성공 사례

사례 1. 월지급식 배당형 ETF로 안정적인 생활비 마련

한 60대 여성은 은퇴 후 월지급식 배당형 ETF에 투자해 매달 생활비를 보충했습니다. 기존의 자산을 활용해 월별 배당을 받을 수 있었으며, 이를 통해 연금 외의 추가 수입원을 확보할 수 있었습니다.

"노후를 준비하지 않는 것은 준비된 실패와 다름없다."

– 프랭클린 루즈벨트

이 격언처럼, 월지급식 배당형 상품을 통한 소득은 은퇴 후 안정적인 생활을 보장해 줍니다.

사례 2. 자녀에게 단계적 증여 계획 실행

70대 한 부부는 증여 계획을 세우기 위해 전문가와 상의하여 자녀들에게 매년 일정 금액을 증여하기로 했습니다. 이를 통해 상속세 부담을 낮출 수 있었고, 자녀들도 부모의 자산을 미리 나누어 관리할 수 있었습니다.

이상 살펴본 2가지 사례와 같이 미리 준비하는 상속과 증여는 가족 간의 신뢰를 유지하고 자산을 효율적으로 관리하는 데 중요한 역할을 합니다.

노년층 자산 관리를 위한 조언

1. 재정 전문가의 도움 받기

노년층 자산 관리의 핵심은 안정성과 수익성을 동시에 고려하는 것입니다. 이를 위해 재정 전문가와 상담하여 최적의 포트폴리오를 구성하는 것이 좋습니다. 재정 전문가의 조언을 통해 세금 혜택, 상속 계획 등 여러 가지 금융 요소를 고려한 자산 관리를 할 수 있습니다.

> "전문가의 조언을 듣지 않는 자는 더 큰 비용을 치르게 된다."
>
> – 헨리 포드

2. 비상 자금 확보

노년기에는 의료비나 예기치 못한 비용이 발생할 수 있으므로, 적절한 비상 자금을 마련해 두는 것이 필수적입니다. 이 비상 자금은 보통 예금 계좌에 보관하여 언제든지 필요할 때 사용할 수 있도록 준비합니다.

3. 연금과 절세 전략 활용

연금 상품이나 절세 혜택이 있는 금융 상품을 활용하여 세금을 절감하는 것도 노년층 자산 관리의 중요한 부분입니다. 연금저축 계좌나 개인형 퇴직연금(IRP)은 세제 혜택을 받을 수 있어 은퇴 후 소득 공백을 메우는 데 유용합니다.

▶ 사례

한 노년층 부부는 IRP를 활용해 매년 절세 효과를 누리면서 은퇴 후 연금 소득을 확보했습니다. 이를 통해 생활비와 의료비의 부담을 줄일 수 있었습니다.

노년층을 위한
자산 관리 전략의 결론

　노년기의 자산 관리는 안정성과 지속 가능한 수익을 목표로 해야 합니다. 안정적인 현금 흐름을 제공하는 배당형 상품, 인플레이션을 헷지할 수 있는 자산, 그리고 분산 투자를 통한 리스크 관리가 필수적입니다. 더불어, 상속과 증여에 대한 계획을 세워 가족의 재산 보호와 효율적인 자산 이전을 도모해야 합니다.

　자산 관리를 위해 반드시 고려해야 할 중요한 점은 자산의 가치를 보존하면서도 안정적인 수익을 창출하는 균형 잡힌 포트폴리오를 유지하는 것입니다. 노년층의 자산 관리는 단순히 경제적 안정을 위해서만이 아니라 삶의 질을 높이고, 가족과 함께 품위 있는 삶을 이어 가기 위한 필수 요소임을 잊지 않아야 합니다.

24장

금융 투자와 인생의 성공 원칙

성공적인 금융 투자와 성공적인 인생의 공통점과 원칙

금융 투자와 인생을 성공적으로 이끌기 위한 방법에는 유사한 원칙들이 존재합니다. 금융 투자에서 얻을 수 있는 교훈은 인생에서도 유용하게 적용될 수 있으며, 인생에서 중요한 가치들은 금융 투자를 올바르게 이끄는 중요한 지침이 될 수 있습니다.

1. 장기적 시각을 갖자

"시간은 장기 투자자의 가장 친한 친구다."

- 워런 버핏

▶ 사례

워런 버핏은 투자할 때마다 "10년은 보유하라"는 원칙을 강조합니다. 그는 단기적인 수익보다는 장기적으로 성장할 기업에 투자하고, 일시적인 주가 변동에 흔들리지 않는 전략을 통해 큰 성과를 얻었습니다. 실제로 버핏은 1988년에 코카콜라 주식을 매입해 지금까지도 보유 중인데, 초기 투자금 대비 수백 배의 수익을 얻었습니다. 그의 투자 방식은 단기적인 소문이나 유행에 휘둘리지 않고, '시간이 주는 복리의 힘'을 믿고 기다리는 것을 보여 줍니다.

▶ 실천 방법

장기적인 시각을 갖기 위해, 목표를 10년 혹은 그 이상으로 설정해 보세요. 일시적인 손실이 생기더라도 그때마다 이 목표를 되새기면서 기다리는 것이 중요합니다. 또한, 한 번 투자한 주식을 쉽게 팔지 않는 원칙을 세우고, 한 기업이나 자산에 최소 5년은 묶어 둘 것을 마음속에 새기세요.

2. 리스크 관리의 중요성

"위험을 관리하는 법을 배운다면, 평생에 걸쳐 복리 이익을 누릴 수 있다."

– 찰리 멍거

▶ 사례

2008년 금융위기 당시 많은 사람들이 리스크 관리 없이 레버리지를 과도하게 사용한 결과, 큰 손실을 입었습니다. 반면, 보수적인 리스크 관리를 해 온 투자자들은 손실을 최소화하고, 이후 반등기에서 성공적으로 수익을 올릴 수 있었습니다. 예를 들어, 금융위기 이전에 채권 비중을 높였던 투자자들은 주식시장이 폭락할 때 큰 타격을 입지 않고 오히려 기회를 살려 더 큰 자산을 축적할 수 있었습니다.

▶ 실천 방법

리스크 관리를 위해, 포트폴리오에 다양한 자산군을 포함하고 각 자산이 차지하는 비율을 조절해 보세요. 예를 들어, 주식과 채권의 비율을 조정하거나, 일부는 금과 같은 안전 자산에 투자해 두는 것이 좋습니다. 또한, '손실 한도'를 정하고 손실이 일정 수준에 달했을 때 손절매하는 규칙을 설정하는 것도 중요합니다.

3. 지식과 습의 지속성

"배움은 지혜를 낳고, 지혜는 성공을 낳는다."

– 벤자민 프랭클린

▶ 사례

월가의 투자의 대가 피터 린치는 '투자는 공부해야 한다'는 점을 강조하며, 스스로 공부하고 기업을 분석한 투자자만이 성공할 수 있다고 주장했습니다. 피터 린치는 주변에서 접하는 소비재와 서비스 기업들에 관심을 가지며 공부한 덕분에, 매사추세츠 금융회사의 '피델리티 마젤란 펀드'를 세계적인 펀드로 성장시킬 수 있었습니다.

▶ 실천 방법

주기적으로 경제 및 산업 관련 서적을 읽고, 관련 뉴스와 보고서를 찾아보세요. 매주 자신의 투자 자산에 대해 공부하는 시간을 정하고, 투자 기업이나 산업에 대해 꾸준히 정보를 업데이트하는 습관을 길러 보세요. 또한, 특정 전문가의 투자 방식을 연구하거나 투자 관련 학습 모임에 참여해 지식을 나누는 것도 좋은 방법입니다.

4. 인내와 멘탈 관리

"성공은 실패의 반대가 아니라, 포기의 반대다."

– 토마스 에디슨

▶ 사례

애플의 주식은 2000년대 초반 IT 거품 붕괴 시기에 큰 폭으로 떨어졌습니다. 그러나 애플의 성장 가능성을 보고 주식을 보유한 투자자들은 결국 엄청난 수익을 얻게 되었고, 이는 투자자들로 하여금 인내심을 지킬 때 큰 보상을 얻을 수 있음을 보여 주는 대표적인 사례입니다. 단기적인 주가 하락에도 불구하고 큰 비전을 믿었던 사람들은 큰 성공을 맛보았습니다.

▶ 실천 방법

주식의 가치 변동에 흔들리지 않도록 투자 일기를 쓰거나, 정기적으로 자신의 감정을 기록하면서 멘탈을 관리해 보세요. 손실에 대한 두려움이 생길 때마다 기록을 통해 스스로를 다독이고, 투자 목표와 계획을 재확인하는 것도 도움이 됩니다.

5. 분산과 균형

"한 바구니에 모든 달걀을 담지 마라."

– 앤드류 카네기

▶ 사례

한 미국 부동산 투자가는 그의 모든 자산을 한 지역의 상업용 부동산에 집중 투자했다가, 경제 위기와 지역 경기 침체로 큰 손실을 입었습니다. 반면에 자산을 부동산뿐 아니라 주식, 채권, 예금 등으로 분산시킨 다른 투자자들은 위험을 줄일 수 있었고 안정적인 수익을 유지했습니다.

▶ 실천 방법

자신의 자산을 다양한 자산군으로 나누어 분산해 보세요. 예를 들어, 주식, 채권, 해외 자산, 원자재 등에 자산을 배분함으로써 어느 한 자산군의 변동성에 흔들리지 않게 됩니다. 또한, 가정의 자산 구성에서도 부부가 서로 다른 포트폴리오를 운영하는 것도 좋은 전략이 될 수 있습니다.

6. 현실적인 목표 설정

"어떤 것도 계획 없이 이루어질 수 없다."

– 나폴레온 힐

▶ 사례

한 청년은 고위험 고수익의 비트코인 투자로 단기간에 큰 수익을 기대했지만, 무리한 목표와 과도한 레버리지 사용으로 오히려 큰 손실을 입었습니다. 반대로, 월 배당 ETF나 채권형 펀드에 소액으로 꾸준히 투자해 온 또 다른 청년은 시간이 지남에 따라 안정적인 자산을 모을 수 있었습니다. 무리한 목표를 피하고 자신의 소득과 자산을 고려한 목표를 세운 것입니다.

▶ 실천 방법

자신의 소득 수준과 투자 가능 금액을 기준으로 현실적인 목표를 설정하고, 월간 또는 연간 수익 목표를 낮게 잡아 보세요. 예를 들어, 연간 6~7%의 수익을 목표로 하여 자산을 장기적으로 불리는 방법이 안정적일 수 있습니다. 무리한 기대 수익률은 리스크를 불러올 수 있음을 잊지 말아야 합니다.

7. 자기반성의 시간

"성찰 없는 삶은 가치가 없다."

– 소크라테스

▶ 사례

매년 투자 수익률을 점검하고, 실패와 성공의 원인을 분석하는 투자자들은 반복되는 실수를 줄이고 더 좋은 성과를 거둘 가능성이 높습니다. 반대로 반성 없이 투자를 반복하는 투자자들은 같은 실수를 되풀이하며 손실을 키울 수 있습니다.

▶ 실천 방법

매년 포트폴리오 성과를 분석하고, 어떤 결정이 성공적이었고 실패했는지를 점검하세요. 실패한 투자는 왜 실패했는지, 성공한 투자는 어떤 이유였는지 기록하며 이를 다음 투자에 반영해 보세요. 이 과정에서 투자 일지를 쓰는 것도 유용합니다.

8. 꾸준함과 성실함

"성공은 하루아침에 이루어지지 않는다."

— 헨리 포드

▶ 사례

2000년대 초반부터 매달 소액을 적립식으로 꾸준히 투자해 온 한 투자자는 20년간의 적립 효과를 통해 예상치 못한 큰 자산을 모을 수 있었습니다. 반면 단기간의 급등락을 노리고 단타 매매를 시도한 다른 투자자들은 큰 수익을 내지 못했습니다. 꾸준함은 복리 효과를 더 극대화시킬 수 있는 중요한 요소입니다.

▶ 실천 방법

매달 일정 금액을 투자할 자산에 적립식으로 투자하는 방법을 통해 꾸준히 자산을 모아 보세요. 또한, 매일 경제 뉴스나 재무 지표를 챙겨 보는 작은 습관을 통해 경제 흐름을 파악하고 꾸준히 관심을 두는 것이 중요합니다.

부록

1장
글로벌 투자 전략과 환율 리스크 관리

"투자는 불확실성 속에서 신중하게 이루어져야 한다. 결국, 준비된 자만이 그 결실을 맛볼 수 있다."

– 조지 소로스

해외 주식에 대한 자산 운용은 요즘 투자자들 사이에서 큰 관심을 받고 있는 분야입니다. 해외시장의 다양한 기회와 성장 가능성은 투자자들에게 새로운 수익을 창출할 기회를 제공하지만, 그만큼 리스크와 변동성도 내재하고 있습니다. 이에 따라 해외 주식을 성공적으로 운용하기 위해서는 철저한 계획과 검증된 원칙에 기반한 접근이 필수적입니다. 이 장에서는 해외 주식을 통한 자산 관리 성공 사례와 실패 사례, 해외 주식을 운용할 때 주의해야 할 사항, 장단점, 그리고 이를 성공적으로 운용하기 위한 원칙을 설명드리겠습니다.

해외 주식 자산 관리 성공 사례

▶ 사례 1. 테크 중심 포트폴리오로 자산을 성장시킨 40대 직장인

40대 직장인 A 씨는 미국의 주요 기술주에 집중 투자하여 성공적인 자산 증식을 이뤘습니다. A 씨는 페이스북(현 메타), 애플, 아마존, 넷플릭스, 구글(알파벳) 등 FAANG 종목에 꾸준히 투자하며 미국의 디지털 경제 성장에 발맞추어 포트폴리오를 구성했습니다. 이들은 지속적으로 매출과 순이익을 늘리고 있었으며, 기술 혁신을 통해 각자의 시장 점유율을 높여 가고 있었습니다. A 씨는 기술주를 단기적인 이익보다는 장기적 성장 가치로 보았고, 주가가 일시적으로 하락하는 시기에도 꾸준히 보유했습니다. 이러한 장기적 관점은 결국 높은 수익률을 가져왔고, A 씨는 10년 만에 투자 원금의 4배 이상의 자산 성장을 이루었습니다.

"가치에 투자하라. 가치 있는 것은 결국 빛을 발한다."

– 워런 버핏

▶ 사례 2. 글로벌 분산 투자로 안정성을 높인 50대 은퇴자

50대 은퇴자 B 씨는 안정적인 자산 관리를 위해 미국, 유럽, 아시아 시장에 분산 투자했습니다. 특정 국가의 경제 상황이나 환율 변동에 따른 리스크를 줄이기 위해 다양한 국가의 주요 기업에 자금을 분산했고, 이로 인해 어느 시장이 부진하더라도 전체 자산은 안정적인 성장세를 유지할 수 있었습니다. 특히, 경기 방어 섹터와 성장성이 높은 섹터를 병행하여 투자함으로써 시장의 변동성에도 불구하고 연평균 7~8%의 꾸준한 수익을 기록했습니다.

"모든 달걀을 한 바구니에 담지 말라."

– 앤드류 카네기

해외 주식 자산 관리 실패 사례

▶ 사례 1. 테마주에 과도하게 집중하여 큰 손실을 본 30대 투자자

30대 투자자 C 씨는 전기차 붐에 주목하여 전기차 관련 주식에 집중 투자했습니다. 특히, 테슬라와 그 협력사들에 과도한 자금을 할당하며 주가 상승에 대한 기대감에 전량 매수를 지속했습니다. 그러나 해당 섹터는 성장 가능성만큼이나 변동성이 높았고, 일시적인 공급망 문제와 규제 이슈 등으로 인해 C 씨는 큰 손실을 보게 되었습니다. 특정 테마에 집중한 전략이 투자 실패로 이어진 사례입니다.

> "변동성이 높은 테마에 집중 투자를 할 경우, 시장 변동에 큰 영향을 받을 수 있으며, 장기적 관점에서 분산 투자가 필요합니다."

▶ 사례 2. 환율 변동으로 인해 수익이 소멸한 투자자

해외 주식을 매수한 D 씨는 주식 자체에서는 어느 정도 이익을 봤으나, 환율이 예상과 다르게 변동하면서 원화 기준 손실을 경험했습니다. 달러 약세가 지속되면서 해외 주

식 수익이 환율 손실로 인해 상쇄되었고, 이는 환율 변동 리스크를 고려하지 않은 투자 실패 사례로 볼 수 있습니다.

> "미래를 예상하는 것은 어렵지만, 대비하는 것은 선택이다."
>
> — 워런 버핏

해외 주식 투자 시 장점과 단점

▶ 장점

1) 다양한 투자 기회

글로벌 성장 기업에 직접 투자할 수 있어 특정 국가 경제에만 의존하지 않는 투자 기회를 얻을 수 있습니다. 특히, 기술주나 헬스케어 등 다양한 성장 섹터에서 자산을 분산할 수 있는 장점이 있습니다.

2) 화폐 가치 보호

환율 상승(원화 가치 하락) 시 해외 자산의 가치가 올라가는 효과가 있습니다. 이를 통해 물가상승률을 상회하는 수익을 얻을 가능성이 높습니다.

3) 분산 투자 가능성

국가 간 경제 성장이 상이하기 때문에, 한 국가의 경제 침체가 전체 자산에 미치는 영향을 줄일 수 있습니다.

> "다양한 길이 있을 때, 그 길을 모두 아는 것은 지혜다."
>
> — 라빈드라나트 타고르

▶ 단점

1) 환율 리스크

환율 변동이 주식 수익에 영향을 미칩니다. 환율 변동에 대한 예측이 쉽지 않으며, 경우에 따라 손실을 가져올 수 있습니다.

2) 거래 수수료와 세금

국내 주식보다 높은 거래 수수료와 세금이 발생할 수 있으며, 환전 비용 또한 고려해야 합니다.

3) 정보 접근성의 제한

해외 기업에 대한 정보는 국내 기업만큼 접근성이 높지 않아 투자 결정을 내리기 어려운 경우가 있습니다.

> "모든 투자는 리스크와 함께 다가온다. 그러나 이해하고 대비하는 자에게 리스크는 기회가 된다."
>
> – 피터 린치

해외 주식 투자의 성공 원칙

▶ **원칙 1. 장기적 관점 유지**

해외 주식은 국내 시장보다 변동성이 클 수 있으므로 장기적 관점으로 접근하는 것이 중요합니다. 특히, 일시적인 주가 하락에 흔들리지 말고 기업의 성장 가능성과 기본적 가치를 살피는 장기적 시각이 필요합니다.

"성공적인 투자란 시간과 복리의 마법이 만날 때 일어난다."

― 앨버트 아인슈타인

▶ 원칙 2. 철저한 정보 수집과 분석

해외 기업에 대한 정보는 국내에서 쉽게 접하기 어려우므로, 신뢰할 수 있는 정보 출처와 리서치 자료를 통해 꾸준히 공부해야 합니다. 재무제표 분석, 기업의 사업 모델 이해, 경쟁 상황 등을 파악하는 것이 성공적 투자의 기본입니다.

"공부하지 않고 투자하는 것은 위험한 모험을 떠나는 것과 같다."

― 벤저민 그레이엄

▶ 원칙 3. 환율 리스크 관리

해외 주식 투자는 항상 환율 리스크를 동반하기 때문에, 환율 변동에 대비하는 전략이 필요합니다. 환헷지 상품을 고려하거나 분산 투자를 통해 환율의 변동성을 줄일 수 있습니다.

"현명한 투자는 예측이 아니라 대비다."

– 피터 드러커

▶ 원칙 4. 분산 투자

특정 국가나 산업에 집중 투자하는 것은 큰 리스크를 동반하므로, 다양한 국가와 산업에 분산하여 리스크를 줄이는 것이 바람직합니다.

"안전은 다양성에서 온다."

– 버나드 바루크

▶ 원칙 5. 현지 경제와 정책을 고려

해외 주식은 투자국의 경제 상황과 정책 변화에 민감하게 반응하기 때문에, 현지 경제의 흐름과 정책 변화를 주시하는 것이 필요합니다. 예를 들어, 금리 인상이나 환율 변동 정책은 기업의 주가에 직접적인 영향을 미칠 수 있습니다.

"성공적인 투자는 트렌드를 읽는 것에서 시작된다."

– 찰리 멍거

해외 주식 투자의 성공을 위한 자세

해외 주식 투자는 더 큰 성장 가능성과 다양한 기회를 제공하지만, 그만큼 리스크 또한 존재합니다. 안정적인 자산 성장을 위해서는 명확한 목표와 철저한 분석, 장기적 관점이 필요하며, 환율 리스크와 분산 투자, 현지 경제에 대한 이해가 뒷받침되어야 합니다. 성공적인 해외 주식 투자를 위해서는 단기적인 수익보다는 장기적인 자산 증식에 초점을 맞추고, 이 과정에서 원칙을 지키는 투자자가 되어야 합니다.

2장
국내 주식 투자 성공과 실패 사례, 그리고 성공적인 투자를 위한 조언

"투자는 단순하지만, 쉽지는 않다."

– 벤저민 그레이엄

　주식 투자는 많은 사람들에게 부를 쌓는 기회의 장이 되기도 하지만, 동시에 큰 위험을 동반하는 도전이기도 합니다. 국내 주식 시장에서도 수많은 투자자들이 성공과 실패를 경험하며 다양한 이야기를 만들어왔습니다. 이번 글에서는 국내 주식 투자에서의 성공 사례와 실패 사례를 격언과 함께 살펴보고, 성공적인 투자를 위한 조언을 금융 전문가의 관점에서 제공하고자 합니다.

국내 주식 투자 성공 사례

▶ 사례 1. 장기 투자로 자산을 증식한 김모 씨의 이야기

김모 씨는 1990년대 초반부터 주식 투자를 시작한 개인 투자자입니다. 그는 대한민국의 경제 성장에 대한 믿음을 가지고 우량주를 중심으로 장기 투자를 해 왔습니다. 특히, 삼성전자와 같은 대표적인 기업에 꾸준히 투자하며 배당금 재투자를 통해 자산을 불려 나갔습니다.

전략과 접근법
- **우량주 장기 보유**: 기업의 재무 건전성과 성장 가능성을 고려하여 우량주를 선정하고, 단기 변동에 연연하지 않고 장기 보유하는 전략을 취했습니다.
- **배당금 재투자**: 배당금을 다시 해당 주식에 투자하여 복리 효과를 극대화했습니다.
- **분산 투자**: IT, 자동차, 금융 등 다양한 산업에 분산 투자하여 리스크를 관리했습니다.

결과

김모 씨는 약 30년에 걸친 장기 투자로 초기 투자금의 수십 배에 이르는 자산을 형성했습니다. 그의 투자 철학은 '기업의 가치를 믿고 기다린다'는 것이었습니다.

> "시간은 훌륭한 기업의 친구이며, 평범한 기업의 적이다."
>
> – 워런 버핏

▶ **사례 2. 가치 투자로 성공한 박모 씨의 이야기**

박모 씨는 증권 분석가로 일하며 기업의 재무제표와 시장 환경을 분석하는 능력을 갖추었습니다. 그는 시장에서 저평가된 기업을 찾아 투자하는 가치 투자를 실천했습니다.

전략과 접근법
- **재무제표 분석**: 기업의 재무상태와 수익성을 꼼꼼히 분석하여 내재 가치 대비 저평가된 주식을 발굴했습니다.
- **시장 흐름 파악**: 거시 경제 지표와 산업 트렌드를 고려

하여 성장 가능성이 높은 분야에 집중했습니다.
- **인내심과 절제**: 주가가 일시적으로 하락하더라도 기업의 가치가 훼손되지 않는 한 보유를 유지했습니다.

결과

박모 씨는 여러 차례의 금융 위기 속에서도 꾸준한 수익률을 유지하며, 경제적 자유를 달성할 수 있었습니다.

> "남들이 욕심낼 때 두려워하고, 남들이 두려워할 때 욕심내라."
>
> – 워런 버핏

국내 주식 투자 실패 사례

▶ 사례 1. 단기 매매로 손실을 본 이모 씨의 이야기

이모 씨는 주식 투자를 통해 빠른 수익을 얻고자 단기 매매에 집중했습니다. 그는 주로 소문이나 뉴스에 기반하여 매매를 결정했고, 정확한 정보 없이 투자를 이어 갔습니다.

문제점
- **충분한 분석 없이 투자**: 기업의 재무 상태나 시장 상황에 대한 깊은 이해 없이 투자를 결정했습니다.
- **과도한 매매 빈도**: 단기 이익을 추구하며 빈번한 매매로 수수료와 세금 부담이 증가했습니다.
- **감정적인 투자 결정**: 주가 변동에 일희일비하며 충동적인 매매를 반복했습니다.

결과
이모 씨는 투자 원금의 상당 부분을 잃게 되었고, 주식 시장에 대한 불신만 남게 되었습니다.

교훈
감정에 좌우되는 투자는 실패의 지름길입니다.

▶ **사례 2. 루머에 휘둘려 큰 손실을 본 정모 씨의 이야기**

정모 씨는 인터넷 커뮤니티에서 떠도는 루머에 기반하여 투자 종목을 선택했습니다. 그는 '대박 종목'이라는 소문에 현혹되어 전 재산을 특정 주식에 투자했습니다.

문제점
- **근거 없는 정보 신뢰**: 검증되지 않은 정보를 믿고 투자를 결정했습니다.
- **분산 투자 미실행**: 자산을 한 종목에 몰아넣어 리스크를 극대화했습니다.
- **손절매 실패**: 주가 하락 시 적절한 대응 없이 기다리다 손실이 커졌습니다.

결과
기업의 부실이 드러나며 주가가 폭락했고, 정모 씨는 큰 재산 손실을 입었습니다.

교훈
"투자에서 가장 중요한 것은 위험을 관리하는 것이다."

– 벤저민 그레이엄

성공적인 국내 주식 투자를 위한 조언

1. 철저한 기업 분석과 정보 수집

투자의 기본은 투자 대상에 대한 충분한 이해입니다. 기업의 재무제표, 사업 모델, 시장 위치, 경쟁력 등을 분석하여 투자 여부를 결정해야 합니다.

- **재무제표 분석**: 수익성, 안정성, 성장성 지표를 확인합니다.
- **산업 분석**: 해당 산업의 성장 가능성과 트렌드를 파악합니다.
- **경영진 평가**: 경영진의 역량과 윤리성을 고려합니다.

"지식 없는 투자는 위험한 모험이다."
― 피터 린치

2. 분산 투자로 리스크 관리

한 종목이나 특정 산업에 집중 투자하는 것은 큰 위험을 초래합니다. 자산을 다양한 종목과 산업에 분산하여 투자 위험을 줄여야 합니다.

- **산업 분산**: IT, 소비재, 금융, 헬스케어 등 다양한 산업에 투자합니다.
- **종목 분산**: 여러 기업에 자금을 분배하여 특정 기업의 부진이 전체 포트폴리오에 미치는 영향을 최소화합니다.

"한 줄기 바람에도 쓰러지지 않으려면, 숲을 이루어라."

3. 장기 투자 마인드

단기적인 시장 변동에 흔들리지 않고 기업의 장기적인 성장 가능성에 초점을 맞춥니다.

- **복리의 힘 활용**: 장기 투자를 통해 복리 효과를 극대화

합니다.
- **일시적 하락 견디기**: 시장의 일시적 조정은 장기 투자자에게 기회일 수 있습니다.

"단기적으로는 시장이 인기투표지만, 장기적으로는 무게를 재는 저울이다."

– 벤저민 그레이엄

4. 감정에 휘둘리지 않는 투자

투자 결정은 감정이 아닌 이성에 기반해야 합니다. 공포나 탐욕에 의해 움직이면 올바른 판단을 내리기 어렵습니다.

- **투자 원칙 수립**: 자신의 투자 원칙을 정하고 이를 지킵니다.
- **시장 소음 무시**: 루머나 단기적 뉴스에 흔들리지 않습니다.

"시장은 인내심 없는 자로부터 인내심 있는 자에게

돈을 옮긴다."

- 워런 버핏

5. 지속적인 학습과 자기 계발

주식 시장은 끊임없이 변합니다. 지속적인 학습을 통해 시장의 흐름을 이해하고 적응해야 합니다.

- **경제 뉴스와 리포트 읽기**: 최신 정보를 습득합니다.
- **투자 서적 독서**: 투자 대가들의 지혜를 배우고 자신의 투자 철학을 발전시킵니다.

"배움은 투자에서 최고의 이익을 준다."

- 벤저민 프랭클린

6. 적절한 손절매와 이익 실현

투자에서의 손실을 최소화하고 이익을 확정하기 위해서는 적절한 시점에 매도하는 전략이 필요합니다.

- **손절매 기준 설정**: 손실이 일정 수준을 넘지 않도록 기준을 세웁니다.
- **이익 실현 계획**: 목표 수익률에 도달하면 이익을 실현합니다.

"과도한 욕심은 오히려 수익을 갉아먹을 수 있습니다."

7. 전문가의 조언 활용

투자 전문가나 금융 기관의 리서치 자료를 참고하여 투자 판단의 근거를 강화합니다.

- **애널리스트 보고서 활용**: 기업 분석과 전망을 파악합니다.
- **금융 세미나 참석**: 시장 트렌드와 투자 아이디어를 얻습니다.

"혼자 빨리 가는 것보다 함께 멀리 가는 것이 낫다."
– 아프리카 속담

8. 여유 자금으로 투자

생활 자금이나 긴급 자금을 투자에 사용하면 위험합니다. 여유 자금을 활용하여 투자해야 합니다.

- **재무 상태 점검**: 투자 전에 자신의 재무 상태를 검토합니다.
- **비상금 확보**: 예상치 못한 상황에 대비한 자금을 별도로 마련합니다.

"무리한 투자는 생활의 안정을 해칠 수 있습니다."

9. 투자 일지 작성

투자 일지를 작성하여 자신의 투자 결정을 기록하고 성과를 평가합니다.

- **투자 이유 기록**: 왜 해당 주식을 매수 또는 매도했는지 기록합니다.

- **성과 분석**: 투자 결과를 검토하여 개선점을 찾습니다.

"기록하지 않으면 기억은 흐려진다."
- 피터 드러커

10. 윤리적 투자

기업의 사회적 책임과 윤리성을 고려하여 투자합니다.

- **ESG 투자**: 환경, 사회, 지배구조를 고려한 기업에 투자합니다.
- **장기적 지속 가능성**: 윤리적인 기업은 장기적으로도 성장 가능성이 높습니다.

"좋은 기업에 투자하는 것은 세상을 더 나은 곳으로 만드는 일이다."
- 알 고어

결론

국내 주식 투자는 올바른 지식과 전략, 그리고 올곧은 투자 철학이 필요합니다. 성공 사례에서 볼 수 있듯이 장기적인 관점과 철저한 분석, 인내심이 중요하며, 실패 사례는 감정적인 결정과 충분한 정보 없이 이루어진 투자로 인해 발생했습니다.

투자는 단기간에 부를 쌓는 도구가 아니라, 꾸준히 자산을 증식하는 과정입니다. 이 과정에서 자신만의 투자 원칙을 세우고 지키는 것이 중요하며, 지속적인 학습과 자기 계발을 통해 시장에 대한 이해를 높여야 합니다.

3장

가상화폐 투자
: 성공과 실패 사례, 그리고 주의사항

"투자는 부를 쌓는 가장 느린 방법이지만, 도박은 재산을 잃는 가장 빠른 방법이다."

- 폴 새뮤얼슨

가상화폐, 특히 비트코인으로 대표되는 암호화폐는 지난 몇 년간 엄청난 주목을 받았습니다. 초기의 회의적인 시각에서 벗어나 이제는 일부 투자자들에게 매력적인 자산군으로 자리 잡았지만, 그 변동성 또한 대단히 큽니다. 이번 글에서는 가상화폐 투자 성공과 실패 사례를 통해 교훈을 얻고, 금융 전문가의 관점에서 가상화폐 투자 시 주의해야 할 점을 소개하고자 합니다.

가상화폐 투자 성공 사례

▶ 사례 1. 비트코인 초창기 투자자의 이야기

비트코인이 처음 등장했을 당시, 많은 사람들은 이를 단순한 디지털 실험으로 여겼습니다. 그러나 몇몇 초기 투자자들은 블록체인 기술의 잠재력을 믿고 비트코인에 소액을 투자하기 시작했습니다. 예를 들어, 미국의 한 투자자는 2010년에 100달러를 비트코인에 투자해 약 1만 개의 비트코인을 보유하게 되었습니다. 당시 이 투자금은 무의미한 소액이었으나, 10년 후 비트코인이 6만 달러에 도달하면서 그의 자산은 6억 달러로 폭발적으로 증가했습니다.

전략
- **기술에 대한 확신**: 단순히 투자 상품으로서의 가치가 아닌, 비트코인이 가진 기술적 혁신을 이해하고 투자했습니다.
- **장기 보유**: 일시적인 가격 변동에 흔들리지 않고 장기 보유함으로써 막대한 수익을 얻었습니다.

"위대한 투자는 많은 이들이 동의하지 않을 때 탄생한다."

— 조지 소로스

▶ **사례 2. 높은 변동성을 이용해 단기 투자에 성공한 데이 트레이더의 이야기**

비트코인은 극심한 가격 변동성을 보입니다. 일부 숙련된 트레이더는 이를 이용해 단기 매매 전략을 통해 수익을 올렸습니다. 한 트레이더는 2020년 비트코인 가격이 크게 출렁이던 시기에 단기 매매로 몇 달 만에 원금 대비 150% 수익을 거두었습니다. 이처럼 극단적인 변동성을 활용한 단기 매매는 경험 많은 트레이더에게 기회를 제공할 수 있습니다.

전략
- **시장 흐름에 대한 민감도**: 뉴스, 경제 정책 변화 등 외부 변수에 따른 변동성을 예민하게 파악하여 단기 수익을 실현했습니다.
- **분명한 손절매와 이익 실현 목표**: 손실을 제한하고 목

표 수익률을 설정해 안정적으로 수익을 확보하는 규율을 지켰습니다.

"모든 투자에는 리스크가 따르지만, 준비된 자에게 기회가 열린다."

— 벤저민 그레이엄

가상화폐 투자 실패 사례

▶ 사례 1. 무리한 레버리지 투자로 인한 손실: 높은 변동성의 함정

가상화폐의 변동성을 기회로 삼아 레버리지 투자에 뛰어든 한 사례가 있습니다. 이 투자자는 비트코인이 3만 달러일 때 레버리지(차입 투자)를 사용해 비트코인을 매수했지만, 불과 몇 주 만에 비트코인 가격이 2만 달러 아래로 급락했습니다. 레버리지 효과로 인해 그의 손실은 원금의 몇 배에 달했으며, 결국 모든 자산을 잃고 빚을 지게 되었습니다.

문제점

- **레버리지의 위험성**: 높은 수익을 기대하고 레버리지를 사용했지만, 반대로 큰 손실을 입을 가능성도 고려하지 못했습니다.
- **변동성에 대한 과소평가**: 가상화폐 시장의 급격한 가격 변동성을 충분히 고려하지 않은 상태에서의 투자였습니다.

"모험을 두려워하지 않는 것은 좋지만, 경계 없는 모험은 파멸을 부른다."

– 워런 버핏

▶ **사례 2. FOMO로 인한 비싼 대가**

'Fear of Missing Out'(FOMO, 이익을 놓칠까 두려워 투자하는 심리)은 많은 투자자들이 비트코인과 같은 가상화폐에 무분별하게 투자하게 만드는 심리적 원인 중 하나입니다. 한 사례에서, 한 투자자는 2021년 비트코인이 급등하자 이를 따라잡기 위해 고점에서 투자에 뛰어들었습니다. 그러나 이후 비트코인 가격이 급락하면서 그는 큰 손실을 입었고,

오랜 시간 동안 회복하지 못했습니다.

문제점

- **감정적 투자**: 시장의 흐름보다는 주변 사람들의 소문에 의존한 투자로 손실을 입었습니다.
- **시장 타이밍 무시**: 무리하게 고점에서 매수하여 시장의 조정에 큰 타격을 받았습니다.

"시장에는 기차가 수없이 지나간다. 지금 놓쳐도 다음 기회는 반드시 온다."

가상화폐 투자 시 주의사항

1. 변동성에 대한 이해와 리스크 관리

가상화폐 시장은 일반 주식 시장보다 훨씬 더 큰 변동성을 가지고 있습니다. 따라서, 예측하기 어려운 상황에 대비해 리스크 관리가 필수적입니다.

- **분산 투자**: 가상화폐를 비롯해 다양한 자산군에 분산 투자해 리스크를 줄입니다.
- **적절한 손절매 설정**: 급격한 하락을 피하기 위해 손절매 기준을 설정합니다.

"시장은 언제나 당신보다 오래 버틴다."

2. 감정에 좌우되지 않는 냉정한 투자

FOMO는 많은 투자자들이 큰 손실을 보게 되는 주된 이유 중 하나입니다. 따라서 가상화폐에 투자할 때는 본인의 투자 원칙을 고수하는 것이 중요합니다.

- **뉴스와 소문에 휘둘리지 않기**: 소셜 미디어와 뉴스의 영향력을 제한적으로 받아들입니다.
- **충동적인 매매 자제**: 시장이 급변할 때일수록 차분한 분석이 필요합니다.

"인내와 절제가 없다면 어떤 시장에서도 성공하기 어렵다."

– 벤저민 그레이엄

3. 기술적 분석 및 시장의 이해

가상화폐의 가격은 전통적인 주식 시장과 다른 요인들에 의해 움직입니다. 글로벌 경제 흐름, 규제 변화, 기술 발전 등 다양한 요소를 종합적으로 고려해야 합니다.

- **기술 분석 학습**: 차트와 지표를 이해하고 활용할 수 있어야 합니다.
- **시장 심리 분석**: 단기적인 시장 심리 변화에 주의하며, 장기적 관점으로 접근할 때는 주요 트렌드를 파악합니다.

"시장을 예측하려고 하지 말고, 시장을 이해하라."

– 피터 린치

4. 적정 투자 규모 설정

가상화폐는 고위험 자산이므로, 전체 자산 중 적정 비율만 투자하는 것이 중요합니다.

- **여유 자금으로 투자**: 생활 자금이나 비상금을 제외한 여유 자금으로 투자합니다.
- **포트폴리오 일부로 관리**: 가상화폐가 전체 자산의 10~20% 이상을 넘지 않도록 관리합니다.

"절제는 투자자에게 있어 가장 큰 미덕이다."

− 워런 버핏

5. 보안과 안전 관리

가상화폐는 해킹이나 사기 피해의 위험이 큽니다. 따라서 보안에 철저히 신경 쓰는 것이 중요합니다.

- **하드웨어 지갑 사용**: 거래소에 자산을 보관하기보다, 보안이 강화된 하드웨어 지갑을 사용하는 것이 안전합니다.

- **이중 인증**: 계정 보안을 위해 이중 인증(2FA)을 설정합니다.

"돈을 지키는 것은 돈을 버는 것만큼이나 중요하다."
― 존 록펠러

결론: 가상화폐 투자에 대한 조언

가상화폐는 분명 전통적인 금융 자산과 다른 새로운 투자 방식으로 자리 잡고 있지만, 그만큼 높은 위험도 동반합니다. 금융 전문가의 입장에서 가상화폐 투자에 나설 때는 신중하게 접근하는 것이 필수적입니다. 특히 시장의 변동성과 위험 요소를 제대로 이해하지 못한다면 큰 손실을 경험할 수 있습니다.

4장
금융 투자자 필독서
: 성공하는 투자자가 읽는 책

금융 투자와 관련된 지식을 쌓고 성공적인 투자 전략을 세우는 데 도움을 주는 책들을 소개합니다. 각 도서는 기초적 투자 개념부터 전문적 전략까지 다양한 수준의 독자를 대상으로 하며, 금융 전문가와 초심자 모두에게 유용한 통찰을 제공합니다.

《현명한 투자자》, 벤저민 그레이엄

▶ 내용 소개

《현명한 투자자》는 '가치 투자'의 개념을 최초로 정립한 책으로, 벤저민 그레이엄이 투자자의 사고 방식과 올바른 투자 태도에 대해 설명합니다. 이 책은 기본적 분석에 기반한 투자 방식을 제시하며, 투자와 투기, 기업 가치와 주가의 차이를 분명히 구분합니다. 그레이엄의 제자이기도 한 워런 버핏은 이 책을 "투자에 관한 최고의 책"이라고 극찬하며, 자신의 투자 철학에 큰 영향을 미쳤다고 합니다.

▶ 추천 사유

투자에서의 기본 원칙을 배우고 장기적인 성공을 거두기 위해 필요한 인내심과 올바른 투자 방식을 익히고 싶다면 꼭 읽어야 할 필독서입니다. 이 책은 투자자가 시장의 변동성에 현혹되지 않고, 기업의 내재 가치를 평가하여 합리적인 투자 결정을 내리도록 이끌어 줍니다.

▶ 추천 격언

"당신의 투자 성공은 지식과 태도에 달려 있다."

— 벤저민 그레이엄

《주식시장을 이기는 작은 책》, 조엘 그린블라트

▶ 내용 소개

조엘 그린블라트는 《주식시장을 이기는 작은 책》에서 '마법 공식'을 소개하며, 간단한 투자 공식을 통해 높은 수익을 올릴 수 있는 방법을 설명합니다. 이 책은 초심자도 쉽게 이해할 수 있는 용어로 설명되어 있으며, 이 공식은 저평가된 주식을 찾는 데 유용한 기준을 제공합니다. 그린블라트는 특정 주식이 저평가 상태인지 파악할 수 있는 방법과 전략을 쉽게 풀이합니다.

▶ 추천 사유

투자의 기본 원칙을 익히고 가치를 중심으로 투자하는 접근법을 배우기 원하는 사람들에게 적합합니다. 특히 투자에 입문하는 독자에게 쉽게 이해되고 실행 가능한 전략을 제시하기 때문에, 초심자에게 강력 추천하는 책입니다.

▶ 추천 격언

"간단하지만 강력한 전략은 모든 것을 바꿀 수 있다."
— 조엘 그린블라트

《피터 린치의 투자 이야기》, 피터 린치

▶ 내용 소개

피터 린치의 《투자 이야기》는 투자자가 자신의 일상에서 발견할 수 있는 정보를 통해 성공적인 투자를 할 수 있음을 강조합니다. 린치는 매그나카르타 펀드를 운영하며 높은 성과를 거둔 실질적 경험을 바탕으로, 복잡한 금융 이론 없이도 성공적인 투자자가 될 수 있는 방법을 설명합니다. 그의 방법론은 '기업의 본질을 이해하고 장기적인 성장을 믿는 것'을 중요시합니다.

▶ 추천 사유

일상에서의 관찰을 통해 좋은 투자의 기회를 발견하고자 하는 투자자에게 유익한 책입니다. 특히 개별 주식에 대한 직접 투자를 생각하는 투자자라면 린치의 접근 방식에서 많은 교훈을 얻을 수 있을 것입니다.

▶ 추천 격언

"진짜 투자 기회는 늘 가까운 곳에 있다."

– 피터 린치

《원칙》, 레이 달리오

▶ 내용 소개

헷지펀드의 거장 레이 달리오는 《원칙》에서 자신의 투자 철학과 삶의 원칙을 담고 있습니다. 이 책은 투자와 경제 사이클에 대한 이해를 높이면서, 철저한 분석과 원칙적인 접근을 강조합니다. 달리오는 경제 흐름을 이해하고 자신의 판단 기준을 만들어가는 과정을 중요하게 여기며, 리스크 관리와 꾸준한 개선을 통한 성공적 투자에 대해 심도 있게 다룹니다.

▶ 추천 사유

장기적 투자와 리스크 관리에 관심이 있는 독자에게 유익한 책입니다. 달리오의 성공 스토리와 다양한 경제적 인사이트는 금융 전문가를 지향하는 독자뿐 아니라, 삶의 원칙을 다지고자 하는 사람에게도 훌륭한 지침이 될 것입니다.

▶ 추천 격언

"경제는 항상 순환한다. 이를 이해하는 것이 성공의 첫걸음이다."

– 레이 달리오

《워런 버핏 바이블》, 워런 버핏

▶ 내용 소개

《워런 버핏 바이블》은 가치 투자의 대가인 워런 버핏의 투자 철학을 담고 있습니다. 버핏의 투자 방식, 즉 장기적 관점에서 기업의 본질적 가치를 중시하고, 기회가 올 때까지 기다리는 인내심을 강조하는 내용을 다룹니다. 이 책은 버핏이 가진 가치 투자 원칙과 그의 투자의 실제 사례를 통해 금융 시장에서의 성공을 위한 전략을 제시합니다.

▶ **추천 사유**

버핏의 투자 철학을 통해 가치 투자와 장기적 관점의 중요성을 배우고자 하는 사람에게 적합합니다. 성공적인 투자를 위한 인내심과 전략적 사고의 중요성을 느낄 수 있을 것입니다.

▶ **추천 격언**

"투자는 시간이 지나면서 복리로 수익을 만들어 주는 종목을 찾아내는 일이다."

— 워런 버핏

《퀀트 투자 전략》, 리차드 메서크

▶ 내용 소개

《퀀트 투자 전략》은 데이터와 통계에 기반한 투자 전략을 다루며, 수치에 의한 객관적 분석을 통한 투자 방법론을 설명합니다. 리차드 메서크는 과거 데이터를 기반으로 종목을 분석하는 방식과 성공적인 투자 전략을 수립하는 법을 소개하며, 퀀트 투자에 필요한 기초 지식을 설명합니다.

▶ 추천 사유

데이터에 기반한 체계적 투자에 관심이 있는 독자에게 유익한 책입니다. 특히 기술적 분석을 선호하거나 알고리즘에 기반한 투자를 연구하는 사람들에게 구체적이면서 실질적인 인사이트를 제공합니다.

▶ 추천 격언

"수학과 데이터는 거짓말을 하지 않는다."

– 리차드 메서크

《행동 투자 심리학》, 제임스 몬티어

▶ 내용 소개

제임스 몬티어는 투자 심리학과 행동 경제학을 다룬 이 책에서 투자자가 시장에서 흔히 범하는 심리적 실수를 파헤칩니다. 그는 공포와 탐욕, 편향과 확증 편향 같은 심리적 요인이 어떻게 투자 결정에 영향을 미치는지를 설명하고, 이를 피하는 방법을 제시합니다.

▶ 추천 사유

투자에서 감정적 요소를 통제하고 올바른 판단을 유지하고자 하는 투자자에게 추천하는 책입니다. 시장에서의 감정적 반응을 다스리는 법을 배우고, 심리적 편향을 극복하고자 하는 독자에게 유익할 것입니다.

▶ 추천 격언

"투자는 합리성의 게임이다. 감정이 이를 방해하지
않도록 하라."

– 제임스 몬티어

《제로 투 원》, 피터 틸

▶ 내용 소개

피터 틸은 《제로 투 원》에서 새로운 가치를 창출하는 혁신적 사고와 사업 모델에 대해 논합니다. 비즈니스 및 기술 혁신과 관련된 통찰을 통해 투자자가 새로운 시장 기회를 어떻게 찾아야 하는지에 대한 힌트를 줍니다. 미래의 산업을 예측하고 새로운 성장 가능성을 연구하는 데 도움을 줍니다.

▶ 추천 사유

기술 기업에 대한 이해와 신사업 분야에 관심이 있는 투자자에게 유용한 책입니다. 창의적인 사고와 미래 성장 가능성에 대해 깊이 있는 인사이트를 제공하기 때문에, 혁신적 기업에 대한 투자에 관심이 있는 분들에게 적합합니다.

▶ **추천 격언**

"진정한 혁신은 없는 곳에서 가치를 창출해 내는 것이다."

— 피터 틸

이들 책은 금융, 경제, 투자 심리 등 다양한 관점에서 투자 세계를 이해하는 데 도움을 주며, 성공적인 금융 투자를 위해 필요한 기초와 전략을 탄탄히 다져 줄 것입니다. 각기 다른 관점과 방법론을 다루고 있으므로, 투자 성향과 수준에 맞추어 참고하시기 바랍니다.

5장

금융 투자자 필수 시청 영화
: 시장의 이면과 투자자의 심리

"탐욕은 성공의 연료가 될 수도 있지만, 맹목적인
탐욕은 언제나 몰락의 길로 이끈다."

금융 투자와 관련된 내용을 다룬 영화들은 투자와 관련된 다양한 교훈을 제공합니다. 지금부터 소개하는 영화들은 금융 산업의 복잡한 메커니즘과 투자 심리, 그리고 성공과 실패의 이면을 생생하게 보여 줍니다. 투자자들이 자산 관리와 시장 이해에 대해 흥미롭게 접근할 수 있는 영화들을 모아 봤습니다.

〈더 빅 쇼트(The Big Short)〉

▶ 내용 소개

마이클 루이스의 저서를 바탕으로 만들어진 이 영화는 2008년 글로벌 금융 위기를 예측하고 이에 대비한 소수의 투자자들의 이야기를 다룹니다. 서브프라임 모기지 사태의 붕괴를 예견한 몇몇 투자자들은 리스크를 감수하면서 금융 상품에 숨어 있는 문제를 찾아내고, 이를 통해 막대한 수익을 올리게 됩니다.

▶ 추천 사유

금융 위기를 발생시킨 금융 상품의 구조와 시장의 불안정성을 이해하는 데 큰 도움을 줍니다. 특히 리스크 관리와 위기 속에서도 기회를 포착하는 통찰력을 키우는 데 유용합니다. 투자자들에게 '거대한 위험을 정확히 분석하고 예측할 수 있는 능력이야말로 성공의 열쇠'라는 교훈을 줍니다.

▶ 추천 격언

"위기를 감지하고 대비하는 것은 복잡하지만, 수익을 내는 것 이상으로 중요하다."

〈월 스트리트(Wall Street)〉

▶ 내용 소개

올리버 스톤 감독의 〈월 스트리트〉는 1980년대 뉴욕 증권가를 배경으로, 탐욕과 권력에 휩싸인 주인공들이 돈과 성공을 위해 도덕성을 잃어 가는 과정을 그립니다. 영화 속에서 주인공이 투자 세계에서 성공하기 위해 선택하는 방법과 과정은 도덕과 탐욕 사이에서의 갈등을 보여 줍니다.

▶ 추천 사유

"탐욕은 선이다(Greed is good)"라는 대사로 유명한 이 영화는 단순히 성공을 추구하는 것에서 벗어나 윤리적 투자에 대해 생각해 보게 만듭니다. 투자에서 탐욕이 부정적인 결과로 이어질 수 있음을 보여 주며, 장기적이고 윤리적인 투자의 중요성을 깨닫게 해줍니다.

▶ 추천 격언

"탐욕은 성공의 연료가 될 수도 있지만, 맹목적인 탐욕은 언제나 몰락의 길로 이끈다."

〈머니볼(Moneyball)〉

▶ 내용 소개

〈머니볼〉은 야구팀 오클랜드 애슬레틱스의 단장이 제한된 예산으로 최적의 팀을 구성하는 과정을 그린 영화입니다. 빌리 빈 단장은 전통적인 방식 대신 데이터 분석을 활용해 고효율 저비용으로 팀을 꾸리는 혁신적 방법을 시도합니다. 이 영화는 스포츠와 금융 투자에 있어 데이터 기반 전략의 중요성을 강조합니다.

▶ 추천 사유

자본이 많지 않은 상황에서도 데이터와 통계를 바탕으로 효율적으로 자산을 배분할 수 있다는 점에서 주식이나 펀드 투자에 큰 교훈을 줍니다. 데이터 분석의 중요성을 강조하는 투자자들에게 유용한 통찰을 제공합니다.

▶ 추천 격언

"자본의 한계는 전략으로 극복할 수 있다. 데이터가 투자 성공의 열쇠가 될 수 있다."

〈울프 오브 월 스트리트(The Wolf of Wall Street)〉

▶ 내용 소개

조던 벨포트의 실화를 바탕으로 한 〈울프 오브 월 스트리트〉는 주식 브로커의 부상과 몰락을 다룹니다. 주인공은 비합리적 투자와 불법적인 방법을 통해 부를 축적하고, 이를 통해 파티와 사치에 탐닉하게 됩니다. 그러나 결국, 법의 심판을 받으며 모든 것을 잃게 되는 모습을 보여 줍니다.

▶ **추천 사유**

돈과 성공에 대한 집착이 얼마나 쉽게 사람을 파멸로 이끄는지 보여 주는 대표적인 사례입니다. 주식과 금융 투자에서 윤리와 법의 중요성을 일깨워 주며, 지나친 욕심이 투자자에게 부정적 결과를 초래할 수 있음을 보여 줍니다.

▶ **추천 격언**

"돈은 투자에서 목표가 아니라 수단이어야 한다."

〈인사이드 잡(Inside Job)〉

▶ **내용 소개**

2008년 금융 위기의 원인과 그로 인한 사회적 파장을 다룬 다큐멘터리 영화입니다. 감독인 찰스 퍼거슨은 금융업계의 부패와 비윤리적 관행을 조사하며, 이러한 시스템이 어떻게 전 세계 금융 위기를 초래했는지 파헤칩니다.

▶ 추천 사유

금융 업계의 복잡한 구조와 시스템적 위험에 대해 자세히 이해할 수 있는 영화입니다. 투자자들에게는 시스템 리스크와 비윤리적 관행이 얼마나 큰 파괴력을 지니는지 경각심을 갖게 하며, 투명한 금융 환경과 윤리적 관행의 중요성을 일깨웁니다.

▶ 추천 격언

"투명성과 신뢰는 금융 시장에서 가장 중요한 자산이다."

〈캐치 미 이프 유 캔(Catch Me If You Can)〉

▶ 내용 소개

실화를 바탕으로 한 이 영화는 사기꾼 프랭크 애버그네일의 이야기를 다룹니다. 금융과 직접 관련이 있는 영화는 아니지만, 주인공이 사람들을 속이고 사기를 치는 방식은 금융 사기와 매우 유사한 측면이 많습니다. 주인공이 다양한 위기 상황에서 기지를 발휘하며 자신을 숨기는 모습은 금융 사기와 관련된 경각심을 일깨웁니다.

▶ 추천 사유

이 영화는 투자자들이 금융 상품에 접근할 때 주의해야 할 사항과 경계를 높이게 해 줍니다. 금융 사기의 위험성에 대한 경각심을 일깨우며, 투자자의 분별력과 철저한 정보 확인의 중요성을 강조합니다.

▶ 추천 격언

"현실은 눈에 보이는 것만이 전부가 아니다. 현명

한 투자자는 항상 의심하고 점검한다."

〈글렌게리 글렌 로스(Glengarry Glen Ross)〉

▶ 내용 소개

부동산 판매를 배경으로 한 이 영화는 극한의 경쟁 속에서 성과 압박을 받는 영업사원들의 이야기를 다룹니다. 영화 속에서 영업사원들은 실적을 올리기 위해 어떤 방법이든 동원하며, 인간의 본성, 탐욕, 그리고 좌절을 여실히 드러냅니다.

▶ 추천 사유

성공을 위한 지나친 경쟁과 압박이 가져오는 부작용을 깊이 있게 다룹니다. 투자에 있어서도 무리한 목표 설정과 탐욕이 어떻게 투자의 원칙을 무너뜨리는지, 실적을 좇는 태도가 투자자에게 얼마나 위험한 결과를 초래할 수 있는지 깨닫게 해 줍니다.

▶ 추천 격언

"승리는 중요하지만, 윤리와 원칙은 그 이상으로 중요하다."

〈아메리칸 사이코(American Psycho)〉

▶ 내용 소개

패트릭 베이트먼이라는 주인공을 통해 탐욕과 욕망이 극단적으로 왜곡된 모습을 보여 줍니다. 영화는 1980년대 금융 산업의 화려함과 사치스러운 생활 이면의 허무함과 공허함을 보여 주며, 성공을 추구하는 과정에서 잃어버릴 수 있는 중요한 가치들에 대해 성찰하게 합니다.

▶ 추천 사유

성공에 집착할수록 잃게 되는 인간성과 가치를 경고하는

영화입니다. 투자자들에게는 과도한 성공 추구가 가져오는 부작용과, 진정한 가치는 수익 이상의 것임을 일깨웁니다. 투자와 삶의 균형을 잃지 않도록 조언해 주는 영화입니다.

▶ 추천 격언

"진정한 성공은 금전적 가치 이상의 무언가를 포함해야 한다."

〈마진 콜(Margin Call)〉

▶ 내용 소개

〈마진 콜〉은 한 금융회사가 파산 직전의 위기 상황에서 직면하게 되는 도덕적 갈등을 그린 영화입니다. 회사의 생존을 위해 수익성이 없는 자산을 매도하고 위기를 모면하려는 과정에서 여러 윤리적 고민과 딜레마가 발생하게 됩니다.

▶ 추천 사유

위기 상황에서 내리는 투자 결정을 통해 도덕적 책임과 이익 추구 사이의 갈등을 잘 보여 줍니다. 투자자들은 이 영화를 통해 장기적인 관점에서 도덕적 원칙을 지키며 투자하는 것이 중요함을 깨닫게 됩니다.

▶ 추천 격언

"위기는 기회를 제공하지만, 그 기회를 대하는 태도는 사람의 가치를 보여 준다."

이 영화들은 금융 시장의 본질과 투자자의 심리를 다루며, 투자의 윤리성과 위험을 실감하게 해 줍니다. 각 영화가 던지는 교훈은 실전 투자에서 큰 도움이 될 것입니다.

| 에필로그 |

풍요로운 삶을 향한 우리의 여정

우리는 모두 매일의 삶 속에서 가치를 추구하며 살아갑니다. 그 여정에서 종종 우리는 자산을 어떻게 관리하고, 어떤 방식으로 삶의 안정을 도모할 것인가에 대해 고민하게 됩니다. 이 책을 통해 저는 독자 여러분이 금융과 자산 관리를 단순히 숫자와 투자 수익으로만 바라보는 것이 아니라, 삶의 일부분으로 받아들이고, 이를 통해 자신의 인생을 풍요롭게 만드는 데 도움을 드리고자 했습니다.

이 책의 내용은 제가 금융 분야에서 쌓아 온 경험과 수많은 사람들을 만나며 배운 교훈을 토대로 작성되었습니다. 책에서 소개된 사례들, 그들의 도전과 좌절, 성공과 성장은 모두 우리의 인생과 닮아 있습니다. 우리는 삶에서 쉽게 포기하지 않고, 원하는 목표를 이루기 위해 꾸준히 노력합니다. 마찬가지로, 성공적인 자산 관리는 오랜 시간에 걸친 지속적인 관심과 노력이 필요합니다. 간혹 자산 시장의 유혹과 위기에 흔들릴 때도 있지만, 올바른 원칙을 지키며 나아갈 때 우리는 그 결과로부터 배움과 성장을 얻을 수 있습니다.

부를 추구하는 것은 결코 부끄러운 일이 아닙니다. 다만, 진정한 부는 단순히 재산을 늘리는 것 이상임을 깨닫는 것이 중요합니다. 이 책에서 강조한 것처럼, 금융과 자산 관리가 궁극적으로 지향해야 할 것은 물질적 풍요를 넘어 정신적 풍요와 삶의 안정을 찾는 것입니다. 많은 이들이 부를 축적하는 과정에서 불안과 스트레스를 겪기도 하지만, 이를 극복하고 올바른 방식으로 자산을 운용할 때 삶의 질이 향상되고, 마음의 평화도 찾아옵니다.

끝으로, 저는 이 여정에서 중요한 것은 결코 '얼마나 많은 자산을 소유하는가'가 아니라 '어떻게 그 자산을 소유하고 활용하는가'라고 믿습니다. 가족과의 유대, 주변 사람들과의 관계, 그리고 스스로에 대한 믿음이 바탕이 될 때 우리는 진정한 의미에서 풍요로운 삶을 살아갈 수 있습니다. 삶의 성공과 금융의 성공이 함께할 때 비로소 완성되는 여정을, 독자 여러분 모두가 건강하게 이어 가길 바랍니다.

돈과 삶의 예술
: 균형 잡힌 부와 행복의 비밀

ⓒ 조남주, 2025

초판 1쇄 발행 2025년 5월 10일

지은이   조남주
펴낸이   이기봉
편집   좋은땅 편집팀
펴낸곳   도서출판 좋은땅
주소   서울특별시 마포구 양화로12길 26 지월드빌딩 (서교동 395-7)
전화   02)374-8616~7
팩스   02)374-8614
이메일   gworldbook@naver.com
홈페이지 www.g-world.co.kr

ISBN   979-11-388-4232-7 (03320)

- 가격은 뒤표지에 있습니다.
- 이 책은 저작권법에 의하여 보호를 받는 저작물이므로 무단 전재와 복제를 금합니다.
- 파본은 구입하신 서점에서 교환해 드립니다.